# COISAS que o Pedro me ENSINA

# PAULO BUENO

# COISAS que o Pedro me ENSINA

## CRÔNICAS DE UMA PATERNIDADE

Copyright © 2022 por Paulo Bueno

É proibida qualquer utilização ou reprodução do conteúdo desta obra, total ou parcial, seja por meios impressos, eletrônicos ou audiovisuais, sem o consentimento expresso e documentado da Editora 106 Ltda.

Dados Internacionais de Catalogação na Publicação (CIP)
*Ficha catalográfica elaborada por Angélica Ilacqua CRB-8/7057*

| | |
|---|---|
| B944c<br>1.ed. | Bueno, Paulo<br>Coisas que o Pedro me ensina : crônicas de uma paternidade / Paulo Bueno. -- São Paulo : Editora 106, 2022.<br>144 p.<br><br>ISBN versão impressa 978-65-88342-03-9<br>ISBN versão ebook 978-65-88342-00-8<br><br>1. Paternidade - Crônicas 2. Bueno, Paulo – Memória autobiográfica I. Título |
| 22-3124 | CDD:B869.8<br>CDU:82-94(81) |

**Índice para catálogo sistemático**
1. Paternidade – Crônicas

Publicado com a devida autorização e com
todos os direitos reservados por

**EDITORA 106**
Rua Wanderley, 700, Perdizes
CEP 05011-001, São Paulo (SP)
contato@editora106.com.br
www.editora106.com.br

# Sumário

Apresentação — Nasce um pai     11

## PARTE 1 — 2019 (3 anos)
Pedro e a obediência     17
Pedro *and the emotions*     18
Pedro e sua verdade     20
Pedro e a literalidade     21
Pedro e o mundo     22
Pedro e as lembranças     23
Pedro e o susto     24
Pedro e a persuasão     25

## PARTE 2 — 2020 (3 anos)
Pedro e o olfato     29
Pedro *sommelier*     30
Pedro e a literalidade     31
Pedro e o ato falho I     32
Pedro e o ato falho II     33
Pedro e a teoria dos conjuntos     35

## PARTE 3 — 2020, Pandemia (4 anos)
Pedro e o buraco negro     39

| | |
|---|---|
| Pedro e o aniversário | 40 |
| Pedro, o "azudante" I | 43 |
| Pedro, o "azudante" II | 45 |
| Pedro e os Vingadores | 47 |
| Pedro, o vírus e o verme | 50 |
| Pedro e o *homeschooling* | 51 |
| Pedro, o "azudante" III | 52 |
| Pedro e as palavras | 53 |
| Pedro e a praia | 54 |
| Pedro e a pré-história (ou História do Pedro que fez) | 56 |
| Pedro e a propriedade privada | 58 |
| Pedro e a escuta | 59 |
| Pedro e o padrão | 61 |
| Pedro e os temperos | 62 |
| Pedro e o xadrez | 63 |
| Pedro e a casa perfeita | 65 |
| Pedro, o "azudante" IV | 66 |
| Pedro, o contador de história | 68 |
| Pedro e o incêndio | 70 |
| Pedro e os *black books* | 71 |
| Pedro e a fonte dos desejos | 72 |
| Pedro e a eternidade | 74 |
| Pedro e o poder do livro | 75 |

## PARTE 4 — 2021 (4/5 anos)

| | |
|---|---|
| Pedro e a direção ortográfica | 79 |
| Pedro e a interdição | 80 |
| Pedro e a saudade | 81 |
| Pedro e o fim do espaço | 83 |
| Pedro e a tese | 85 |
| Pedro e o medo | 88 |
| Pedro e os afazeres domésticos | 92 |
| Pedro e a cidade | 95 |
| O pai do ano | 100 |
| O pai, chocolate ou *tablet*? Uma difícil escolha | 104 |
| *Terrible two* | 107 |
| Hoje já é amanhã? | 112 |
| O dinheirinho do mercado | 116 |

## PARTE 5 — 2022 (5/6 anos)

| | |
|---|---|
| *Jingle bell, jingle bell*, acabou o papel... | 123 |
| Primeiro dia de aula | 127 |
| A praia, o sorvete, o filho e o desconforto | 131 |
| A birra e a cisma | 135 |
| Ontem, hoje e amanhã | 138 |

# Apresentação

## *Nasce um pai*

Pedro nasceu. Três meses depois, meu pai morreu. Filho e pai, um chega, o outro vai. Mas, na partida, sempre se deixa restos. O resto encontrado foi um bonequinho do Chaves, protagonista do seriado mexicano homônimo. Foi meu irmão que o encontrou entre as coisas do meu pai, supondo que sua intenção fosse a de presentear o neto recém-nascido.

Durante alguns meses, Pedro aproveitou o brinquedo. Levava para todo canto, até para o mercado. Foi lá, em um momento de distração, enquanto fazíamos a compra do mês, que o boneco escapou de sua mão e se perdeu definitivamente. Fomos até a seção de achados e perdidos, vasculhamos os corredores, as prateleiras, mas nada. Objeto perdido, jamais achado.

Já na fila do caixa (eu, desolado), um homem puxou assunto. Disse que, ao ver Pedro fazendo suas peripécias no carrinho, lembrou-se de quando sua filha era um bebê da mesma idade. Comentou ter adquirido um hábito bastante curioso: assim que a garota — que hoje já é adulta — começou a falar, passou a anotar num caderno cada palavrinha, registrando o modo como a criança pronunciava as palavras. Ele tem esses escritos até hoje.

Assim que cheguei em casa, procurei um caderno para anotar tudo que escutasse. Tinha de ser pequeno para que eu o levasse sempre junto a mim, dentro do bolso. A ideia era fazer uma espécie de dicionário em que, de um lado, eu escreveria a palavra pronunciada por Pedro com suas trocas silábicas e fonemas originais e, do outro lado, colocaria o significado do verbete.

Algumas pronúncias guardavam uma certa proximidade sonora com a língua portuguesa oficial. Além dos clássicos "*babá*" e "*mamá*" para referir-se aos pais, havia o "*tadesselo*" que aconchegava seu sono e o "*topotone*" que comíamos no Natal. Isso quando ele tinha 2 anos. Nas festividades natalinas do ano seguinte, houve uma sofisticação, e a guloseima passou a ser chamada "*chopotone*". Lembro que, nesse ano, o último Natal antes do início da pandemia, Pedro colocou sua "*vermuda*" preferida e se esbaldou na torta de "*frangoesa*". Inclusive, acho que os *chefs* deveriam se dedicar ao desenvolvimento desse prato, na mistura inusitada de ingredientes tão díspares quanto o frango e a framboesa. A escolha se liga mais ao prazer acústico do que ao paladar. Mas certamente o verbete que mais me impressionava era o "*bederte*", que na nossa língua de adultos significa biscoito.

Aos poucos, fui percebendo que não conseguia alimentar o dicionário na mesma proporção da enxurrada de vocábulos que proliferavam de sua boca. Até mesmo porque não é sempre que a gente consegue parar o que está fazendo, pegar caderno, pegar lápis, pedir para criança esperar — criança não espera —, para então anotar. Foi aí que comecei a escrever no celular, publicando direto nas redes sociais. No início, transcrevia palavras, expressões e frases do garoto; posteriormente, passei a registrar pequenas situações cotidianas.

Escrevendo, registrei o desenvolvimento da criança e, ao mesmo tempo, a criança acompanhou o desenvolvimento das diferentes fases da escrita. Os primeiros textos trazem um garoto de três anos de idade, aquele período em que só pai e mãe compreendem o que fala e precisam traduzir para os outros adultos. Textos curtos, pois a demanda era grande. E — acreditem! — escrever nessa fase é um privilégio do qual poucos pais podem desfrutar.

Aos 4 anos, as coisas ficam um tanto mais fáceis. Textos ainda curtos, porém já entra uma metáfora aqui, um sinônimo mais sofisticado acolá. Não nego o fato de que, na busca de sinonímias, o menino sofreu alguns pequenos acidentes por pura distração paterna. Mas, nessa idade, a queda do patinete ou um joelho ralado são dores suportáveis — para as crianças; para nós, pais, nem tanto. E ademais, para a escrita de um livro, algumas baixas se fazem necessárias. Reza a lenda que, na iminência de um naufrágio, Camões teria escolhido salvar o manuscrito de *Os Lusíadas* ao invés de sua namorada. O meu texto é menos ambicioso e a minha escolha, muito mais simples: um sinônimo ou a integridade de um joelho?

Aos 5 anos, a situação fica mais complexa, pois as birras que antes divertiam passam a irritar. E a partir daí, as pequenas explosões do pai aparecem com mais frequência. No princípio, a crônica era uma espécie de lupa que ampliava os gestos e as falas da criança. Posteriormente, essa lupa passou a alternar seu foco entre as peraltices infantis e as reações paternas. Os textos, por sua vez, já não cabem mais no reduzido número de caracteres ao qual se ajustava nos primeiros escritos — do mesmo modo que o garoto já não entra mais nas roupas que antes cabiam. Diretamente proporcional, quanto maior a criança, maior o texto.

É muito curioso que a ideia da escrita tenha nascido no mesmo dia em que Pedro perdeu o boneco comprado por seu avô. As pessoas amadas morrem, os objetos permanecem (assim como o objeto-livro de Camões que sobreviveu ao naufrágio). Só que os objetos, em algum momento, também perecem, restando apenas as palavras. Palavras que se transmite de pai para filho, de avô para neto. Palavras que são registradas em pequenos cadernos, em guardanapos, nas redes sociais ou em livros. Palavras lidas que nos transportam para os tempos em que fomos filhos, netos, sobrinhos, avôs, tios, mães e pais.

# PARTE 1
# 2019
### - 3 anos -

# Pedro e a obediência

*4 de agosto de 2019*

— Papai, você *tá* com cala de *bavo*. Você *tá tliste*?
— Sim! E você sabe muito bem por quê.
— É *poquê* eu *tilei* minha blusa?
— Sim.
— O que você *pecisa pla ficá* feliz, papai?
— O que você acha?
— De um *ablaço*?
— E do que mais?
— De um beijo?

Por tratar-se de uma verdade parcial, aceitei indignado tanto o beijo quanto o abraço.

— O que mais, Pedro?
— De outro *ablaço*?

A cara de bravo se desfez, escapou um sorriso e perdi assim a razão no embate. Cinco horas e doze gotas de novalgina (para abaixar a febre) depois, Pedro finalmente aceitou um agasalho.

# Pedro *and the emotions*

*6 de outubro de 2019*

— *Tô aplendendo* as *emotions* com a *teacher*, papai.

*Tadinho*! A criança mal tem contato com um conteúdo novo na escola e o pai já chega querendo testar os conhecimentos supostamente adquiridos. Subitamente, assumo um semblante sorridente e pergunto:

— Que cara é essa, filho?

Como se já estivesse preparado para a chamada oral, Pedro manda *na lata*:

— *Épi* [*happy*], papai, eu acho que é *épi*.

Arqueio as sobrancelhas, fecho a cara e lanço um olhar furioso de veneno estricnina, aguardando sua resposta. Com segurança, ele me diz:

— Essa é fácil, é *angui* [*angry*].

Decido elevar o desafio e faço uma cara bem triste, triste de não ter mais jeito. Pedro pensa, pensa e fala:

— Sad.

Sem conseguir esconder meu orgulho, deixo escapar um leve sorriso. Pedro lê minhas expressões e dispara com convicção:

— *Épi, épi, agola é épi*!

# Pedro e sua verdade

*10 de outubro de 2019*

— Papai, você *consetou* minha *lantena*?
— Não, filho, a sua você quebrou há uns meses e essa nova eu comprei pra mim.

Como a resposta foi insatisfatória, Pedro me destituiu da segunda para terceira pessoa e disse:

— Você viu, mamãe? Ele *consetou* minha *lantena pla* mim.

Depois dessa aula prática sobre o conceito lacaniano de fantasia, encerramos o assunto e nos dedicamos à brincadeira de "luz e sombra".

# Pedro e a literalidade

*7 de novembro de 2019*

— Me *azuda* a subir, papai.
— Sim, mas só porque sou um pai-coruja.
— Papai-*coluza*? — perguntou-me com o sorriso de um coroinha que acabara de escutar um sacrilégio em pleno altar.
— Sim.

Com a petulância digna de um Poirot ao desmascarar o criminoso, Pedro soltou:

— Não é *veidade*! Você é meu papai e não existe papai-*coluza* de pessoas.

Por bom senso, optei em *azudá-lo* sem contestar.

# Pedro e o mundo

*13 de novembro de 2019*

Assistimos hoje a uma apresentação de dança contemporânea. Reparei que ele ficou fazendo uns movimentos performáticos depois. Em certo momento, comentei que era uma dança diferente das que ele já tinha visto.

— É, papai, essa é a dança mais *difelente* que eu já vi no meu mundo.

Fiquei maravilhado com sua fala e silenciei, pensativo, ao que Pedro heideggerianamente complementou:

— Papai, foi a coisa mais *difelente* que você viu no seu mundo também?

# Pedro e as lembranças

*17 de novembro de 2019*

É noite. Ponho ele na cama "pra ele me ninar". Cubro o garoto e me calo.

— Papai, *lembei* de uma coisa: eu gosto *taaanto* de você e te amo *taaanto*.

Silêncio.

— Papai *lembei* de mais uma coisa: eu *tô* muito *ogulhoso* de você poque você *bincou* de jogo da *vemória* comigo e de luz e *somba*.

Pensei comigo: "Se ele falar mais alguma coisa, eu choro."

— Papai, *lembei* de mais uma coisa.

Meus olhos já estavam marejados quando ele disse:

— *Lembei* que não *quelo* me cobrir com lençol.

# Pedro e o susto

*23 de novembro de 2019*

A avó manda uma mensagem no sábado à noite. Pedro responde de imediato com uma mensagem de voz:

— Buuuuuuuuuuuu.

Dá o *play* para se escutar, ri marotamente e diz:

— Eu dei um susto nela! Hahahahaha!

# Pedro e a persuasão

*26 de novembro de 2019*

Aonde vou, Pedro quer ir junto. Se esqueço algo no carro, tenho de levá-lo para buscar comigo. Se uso o banheiro, ele quer esperar do lado de dentro. Certo dia, em uma dessas madrugadas que ele me acorda para ir à cozinha, expliquei:

— Filho, espera aqui, vou lavar a mão porque eu cocei meu nariz. Não posso pegar no pão para te dar.
— Eu *quelo* ir com você.
— Não, Pedro, é rápido.
— É que eu também coloquei a mão no meu *naliz*, papai.
— Que estranho — respondo com relativa surpresa —, pois eu não vi.
— Coloquei sim, olha — diz, enfiando o dedo na narina e tirando uma meleca gosmenta.

# PARTE 2
# 2020
*- 3 anos -*

# Pedro e o olfato

*22 de janeiro de 2020*

— Papai, eu fiz um cocô *muuuuito* fedido.

Silêncio.

— Vem no *banheilo* ver que eu fiz um cocô fedido.

Quando chego no banheiro (que nem eu sei o que fui fazer lá), recebo de suas mãos um frasco de Bom Ar. Prestes a perfumar o local, sou interrompido por Pedro, que diz:

— Não, papai, não joga o Bom Ar ainda. *Plimeiro* você *plecisa* sentir o *cheilo* fedido do meu cocô.

Respiro fundo, odorizo o cômodo e retomo meus afazeres.

# Pedro *sommelier*

*24 de janeiro de 2020*

— Pedro, me dá um pedaço da tapioca.
— Não.
— Filho, eu que fiz pra você com a última Nutella do pote, me dá uma mordida pra eu experimentar e ver se tá boa.
— Eu já *expelimentei*, papai. Olha.

Supondo que eu buscava apenas me informar sobre o sabor da iguaria, deu uma bela abocanhada e completou sua análise:

— É, papai, *tá* muito gostosa *mesnos* [mesmo].

Se souberem de vagas para *sommelier* de tapiocas, por favor, entrem em contato: apesar da pouca idade, seu currículo é vasto.

# Pedro e a literalidade

*11 de fevereiro de 2020*

Volta às aulas. Pai se preocupa, não tem jeito. Garrafa de água nova, com o desenho do Relâmpago McQueen. No fim de semana — só no fim de semana! —, Pedro revela não ter conseguido abrir sua nova garrafa. Uma semana depois! Já começo a imaginar o coitado passando sede a semana toda. Abro a garrafa, entrego-lhe e pergunto:

— Filho, você avisou às professoras que não conseguia abrir?
— Não.

Minha preocupação aumenta.

— Mas, então, como você bebe água, meu filho?

Ele me olha e, num gesto rápido, toma um baita gole na garrafinha que eu acabara de abrir. E na inocência, responde:

— É assim que eu bebo água, papai.

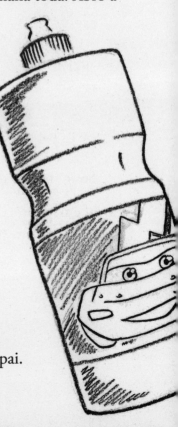

# Pedro e o ato falho I

*28 de fevereiro de 2020*

Alegremente, ele falava sobre os brinquedos do parque de diversão, de um desenho recém-assistido.

— Daí tinha a *loda* gigante, tinha a montanha *surra*...
— Espera aí, filho, você disse montanha *surra*.
— Não, eu *quelia* falar montanha russa.
— Mas isso é um ato falho.
— NÃO, NÃO, NÃO falei. Você que falou um ato falho, papai.
— Como assim? Em qual momento?
— Você falou um ato falho quando falou "ato falho".

Após breve reflexão silenciosa, Pedro conclui:

— A gente falou "ato falho", papai, poque *agola* eu também acabei falando.

# Pedro e o ato falho II

*20 de março de 2020*

Como sabem, Pedro brinca que falar "ato falho" é o ato de proferir a expressão "ato falho". Hoje ele disse "ato falho" e, em seguida, "falei um ato falho". Pensou e logo disparou:

— Falei dois atos falhos.

Refletiu e corrigiu:

— Falei *tles* atos falhos.

Tentando fechar o conjunto de atos falhos, afirmou:

— Falei *quato* atos falhos.

Decidi ajudar, explicando:

— Filho, você falou cinco vezes.

Reparem que não verbalizei "ato falho". Nisso ele riu maliciosamente como se tivesse me pegado, e acusou:

— A gente falou seis atos falhos.

Fiquei quieto, concluindo em pensamento que, de fato, foram falados seis atos falhos.

# Pedro e a teoria dos conjuntos

*5 de março de 2020*

— *Vermuda* não é roupa!

Diante da frase peremptória e de seu posicionamento decidido, dediquei-me a procurar uma forma de explicar que a bermuda é um tipo de roupa. Mas, para tanto, ele precisaria compreender que "roupa" designa um certo conjunto de objetos.

— Filho, é roupa, sim. Tudo que a gente usa pra vestir é roupa: a calça, a camiseta, a meia...

Pedro interrompe e diz:

— Não! Meia não é roupa *poiquê* não fica no *coipo* [corpo]. Fica no pé, olha.

Surge um novo impasse relativo à Teoria dos Conjuntos. E agora?

— Então, filho, é que... é que... tudo faz parte do corpo: a barriga, o braço e até mesmo o pé.

Apesar da insegurança inicial, denunciada pela voz vacilante, fiquei satisfeito com a solução: o corpo é o conjunto dos órgãos. Fiquei satisfeito; Pedro não. Ele nunca se satisfaz.

— Não papai, minha barriga fica aqui e o pé fica no chão, e o chão fica no mundo.

Pensei em explicar o mundo como um conjunto, mas desisti. Se amanhã eu estiver mais animado, falarei com ele sobre os paradoxos, as inconsistências e as incompletudes.

# PARTE 3
# 2020
## PANDEMIA
*- 4 anos -*

# Pedro e o buraco negro

*5 de abril 2020*

E o Pedro começa a falar sobre seu dia:

— Hoje eu assiti Pocoyo, Pocoyo *noimal*, Pocoyo Allien raivoso, Pocoyo *bulaco neglo* e Pocoyo Halloween.

Nesse instante, percebo que um pai ruim se vê pelo tempo que o filho passa na frente da tela. Da culpa nascem as tentativas de reparação. Busco compensar minha ausência pedindo-lhe para contar a história do desenho. Continuo demonstrando vívido interesse e pergunto o que mais gostou na história. Ele responde que gostou "*poique* o Pocoyo vai até o *bulaco neglo*". Para, pensa e diz:

— Que nem a gente, papai.

Surpreso, questiono:

— Mas a gente já foi para um buraco negro?
— Não, papai, a gente também é *neglo*.

Termino o dia convicto de que o essencial estou conseguindo transmitir a ele.

# Pedro e o aniversário

*9 de abril de 2020*

Não sei ao certo quando o aniversário se tornou para mim um evento significativo. Talvez quando percebi que nessa data minha mãe concedia o direito de liberdade condicional. Ou seja, eu não era obrigado a ir à escola. O primeiro aniversário que lembro de ter assistido a uma aula foi na graduação.

A comemoração do primeiro ano de vida da criança pertence antes ao pai e à mãe (e ao fotógrafo contratado) do que à criança. No segundo ano, o infante já tem uma discreta participação (na escolha do tema, talvez). No terceiro ano, ele começa a assumir um certo protagonismo, gozando dos doces e presentes recebidos. Começa a perceber "as tias velhas, os primos diferentes, tudo por sua causa", todos juntos para comemorar "o dia de seus anos".

O ponto de virada é o quarto ano, pois é quando advém a ansiedade. Ciente de que aniversário significa presentes, guloseimas e tias velhas, a criança anseia fervorosamente pela chegada dessa data — mais pelos presentes e doces do que pelas tias velhas, suponho.

Pedro completará quatro anos. Há semanas — meses, na verdade — ele acorda feliz perguntando, querendo saber se chegou o grande dia.

— Papai, hoje já é amanhã?

"Sim, hoje é o amanhã de ontem. Mas ao se tornar amanhã, já é hoje. De tal modo que é incorreto afirmar que hoje já é amanhã. E ainda que fosse, não seria o amanhã que habita suas expectativas, meu pequeno. É apenas a constatação empírica de que, mais uma vez, a Terra girou em torno do seu próprio eixo", pensei. A resposta foi mais sumária:

— Não, meu filho.

Dia desses, após algumas reincidências desse episódio matinal, observei avanços na construção de seu raciocínio lógico. Fui indagado:

— Ontem já é hoje, papai?

Incapaz de responder, fingi que não era comigo e saí cantando Chico:

— Amanhã vai ser outro dia...

Na verdade, há semanas a quarentena tem mostrado que ontem, hoje e amanhã se equivalem: um grande bloco.

Nunca fiz aniversário durante uma pandemia. Deve ser triste.

Chegou o dia. Festa houve. O tema, escolhido por ele, foi Pantera Negra. Os amiguinhos da escola, primos e até mesmo as tias velhas estavam presentes. Tudo mais ou menos conforme o planejado. Só não esperávamos que a comemoração do instante magnífico em que o hoje se tornou, enfim, amanhã se daria por videochamada. Foi o que deu. E Pedro dormirá feliz.

# Pedro, o "azudante" I

*14 de abril de 2020*

Pandemia. A escola para; nosso trabalho continua. Na verdade, duplica. Hoje ministrei minha primeira aula *online*. Para mim, já não é fácil lidar com a tecnologia, e em modo híbrido é ainda mais difícil, pois é um misto entre a docência virtual com a paternidade presencial. A solução foi trazê-lo para o meu lado: Pedro ganhou o honorável título de professor auxiliar.

No princípio, pensei em condecorá-lo como professor visitante, mas não se é visitante na própria casa. Literalmente ao meu lado, coloquei-o sentado num ponto em que estrategicamente não apareceria na câmera.

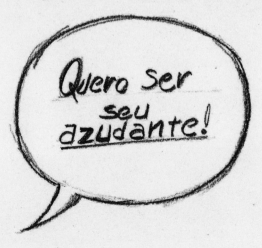

Aula sobre psicanálise: falei de sonhos, um ato falho aqui, um lapso acolá e tudo transcorreu nos conformes. Pedro não interveio em hora alguma. Em certo momento, falei:

— Caso alguém tenha alguma observação, comentário ou pergunta, fique à vontade.

Nesse instante, os alunos calaram. O silêncio dos estudantes sempre constrange o professor. O silêncio foi quebrado pelo professor convidado, que constatou:

— Papai, eu acho que ninguém tem nada *pla* falar, não, pode continuar

# Pedro, o "azudante" II

*19 de abril 2020*

Eu já tinha lavado a maior parte da louça quando ele chegou e disse:

— Ah, que pena, eu *quelia* tanto lavar a louça, quelo ser seu *azudante*.

Tranquilizei-o:

— Calma, filho, pode lavar as vasilhas que faltam, espera só eu tirar essa comida do ralo.

Ele riu daquele jeito engraçado que só crianças nessa idade conseguem:

— Hahaha, você falou rabo, você falou rabo.

Não respondi, apenas orientei o que deveria fazer e como. Dedicado, fez o trabalho corretamente e, de vez em quando, soltava uns comentários que davam mostras da compenetração com a qual realizava a tarefa:

— É difícil *lavá talere*.

Ou:

— Tem que tomar cuidado *pla* não *coitar* a esponja quando lava a faca.

Eu quieto, um olho no guri, o outro no celular. Até que ele me chama:

— Vem, papai, vem jogar essa comida *fola pla* não entupir o rabo.

Caí na gargalhada, e Pedro, sem entender, riu junto daquele jeito que só ele.

# Pedro e os Vingadores

*21 de abril de 2020*

Nesta manhã, Pedro já acordou com o DVD na mão, suplicando para assistir a *Os Vingadores*.

— Papai, papai, papai! Coloca o vídeo *pla* gente assistir.

Ele já havia pedido na noite anterior, só que eu posterguei meu veredito para ganhar tempo. Refleti se não seria precipitado um filme com tanta violência para uma criança de 4 anos. Não é fácil, afinal, lidar com as reações infantis que podem ser provocadas por cenas intensas.

Mas aí pesquei na memória tudo o que era permitido na década de 1990: o boneco assassino; o Rambo; a plateia que se engalfinhava para obter os aviõezinhos confeccionados com notas de dinheiro que eram lançados por um senhor; a famosa banheira em que jovens disputavam sabonetes e que animava as tardes de domingo em família; e outras tantas formas bastante peculiares de entretenimento infantil. Decidi arriscar.

Tudo foi bem no decorrer do longa. Mesmo nas cenas violentas, ele segurou a onda. Dava um pulinho de susto, respirava apressado, olhava de esguelha para a televisão, mas se mantinha firme. Provavelmente, efeito confortante da presença segura de um adulto ao seu lado.

Nas sequências finais, surpresa! A maior chacina de heróis da história da Marvel! "Cadê os Direitos Humanos nessa hora? Se fosse o Loki ou o Killmonger, essa gente que só quer saber de proteger bandido já estaria protestando", diria o expectador mais reacionário. Em meio à carnificina, nossos dois heróis prediletos vieram a óbito.

Eu, perplexo, sem saber o que falar.

Ele, calado.

Eu, preocupado com o garoto, começo a explicar que a morte deles foi somente nesse filme, que continuam vivos nos desenhos, nos brinquedos e em outros filmes.

Ele, plácido, me tranquiliza:

— Calma, papai, se a gente voltar esse filme, no *plimeilo* de antes, eles ainda *estalão* vivos.

E começou a brincar como se nada tivesse acontecido. Nada!

Ele, em breve, estará dormindo como um bebê.

Eu, que até poucos anos antes achava patético ver adultos fanáticos por outros adultos com fantasias coloridas, provavelmente terei insônia nesta e nas próximas noites, sabendo que Thanos está à solta e não teremos os dois maiores heróis para nos proteger. Definitivamente, não é fácil lidar com as reações infantis.

# Pedro, o vírus e o verme

*27 de abril de 2020*

Chego em casa à noite e Pedro, já de pijama, explica que não posso abraçá-lo. Falo que, após o banho, iremos nos abraçar e, precavido, ele solicita que eu lave as bochechas. Ansioso, o guri leva um banquinho ao banheiro para esperar literalmente sentado, e enquanto espera, papeamos.

— Filho, vou passar bastante sabonete no meu rosto pra tirar todo coronavírus.
— Papai, lava bem o rosto *pla* tilar todo *colona*, toda *bactélia* e todo *Bolsonalio* do teu rosto.
— O que você disse, Pedro?
— *Pla* tilar o *Bolsonalio* da sua cabeça.

Mal sabe o trabalho que vai dar para tirar esse verme da cabeça.

# Pedro e o *homeschooling*

*13 de maio de 2020*

O guri tem aprendido muitas coisas nas aulas à distância.

— Filho, o que você mais gostou na aula hoje?
— Eu gostei de uma coisa que minha amiguinha falou.
— O que ela falou, Pedro?
— Ela falou "cocô".

# Pedro, o "azudante" III

*17 de maio de 2020*

Dia de lavar o banheiro, Pedro adora. Por fim, ao constatar que fizemos um bom trabalho, eu falo:

— Ficou bem limpo, somos a melhor dupla.
— É isso aí, a gente é a melhor *dupola* — disse empolgado o garoto.

Silêncio. Pedro reflete e pergunta:

— Mas o que é uma *dupola*?

# Pedro e as palavras

*6 de junho de 2020*

— Queria escrever sobre você, filho, mas não *tô* conseguindo encontrar tempo.
— Você quer falar comigo, papai?
— Não, filho, eu quero falar sobre você. Lembra que, de vez em quando, eu escrevo sobre você e as pessoas leem?
— É mesmo, eu *lemblei*. Vou te *azudar*.

Escolhemos uma foto para postar e comecei o relato que segue.
Certo dia, há cerca de um mês, Pedro refletia sobre a linguagem e falou:

— Minhas *palavlas* vêm da minha cabeça e minhas falas vêm da minha barriga...

Como eu falava em voz alta enquanto escrevia, Pedro escutava e me interrompeu, propondo uma retificação em sua tese da origem cefálica das palavras:

— Na *veidade*, papai, minhas *palavlas* vêm do meu *colação*.

# Pedro e a praia

*14 de junho de 2020*

Não teve jeito, tivemos que quebrar a quarentena para dar um pulinho na praia. Pedro estava insistindo havia alguns dias, desde que abandonou seu projeto de ir ao espaço (receio que não tenha abandonado completamente, apenas postergado). Praia na sala de casa. A manta marrom era a areia. Peixes, tartarugas e caranguejos (de plástico) se espalhavam pelo azul do lençol, que fez as vezes de água do mar.

Levamos balde, pazinhas e peneira. Sua minicadeira de praia também foi. Na falta de guarda-sol, improvisamos: utilizamos um guarda-chuva. Encontramos peixes, tartarugas e caranguejos (de plástico), acabamos levando. O som do oceano era tão perfeito que parecia até um efeito de sonoplastia (desses vídeos que a gente encontra no YouTube). A areia da praia estava uma delícia, uma verdadeira manta. O lençol (marítimo) era bem azulzinho e cheirava a guardado. Foi quando minha rinite anunciou sua presença.

— Filho, *tô* espirrando por causa da poeira.

O garoto recusou a saída indelicada da brincadeira, reconduzindo-me, coercitivamente, ao enredo original:

— Eu não *concoido*, papai.
— O quê?
— Não é *poeila*, é a aleia do mar que *tá* fazendo você espirrar.

# Pedro e a pré-história (ou história do pedro que fez)

*17 de junho de 2020*

Esta segunda opção de título foi o próprio Pedro que sugeriu, pois agora estamos escrevendo juntos. Agora ele tem um *tablet* que ganhou da avó. Resolvi falar a respeito:

— Sabia que, quando eu tinha sua idade, não existia nem *tablet* nem celular e nem *notebook*?
— Uaaaaaau! —exclamou o garoto, e completou: — Que *inclível!*

Ficou refletindo com uma expressão maravilhada e perguntou:

— E já existia casa, papai?
— Sim, já existia, filho.
— E já existia caixa de som?

A princípio, respondi afirmativamente, mas depois lembrei que o único registro de caixa de som que ele tem é o dessas portáteis, e corrigi:

— Já tinha filho, mas era diferente.
— *Difelente*! Entendi... Não *elam pletas*, *elam* azuis.

# Pedro e a propriedade privada

*20 de junho de 2020*

Assistíamos no YouTube a um vídeo tipo "*tour* pela casa", desses em que os imóveis são apresentados pelas lentes da câmera do corretor imobiliário. Pedro, ao observar a ausência de habitantes, pergunta:

— *Poi que* que a casa *tá* vazia, papai?
— Porque é uma casa que está à venda, filho, pra que alguém possa comprá-la.

Maravilhado e com o olho arregalado, ele disse:

— Uaaaaaaau! Casa também dá *pla complar*?

Pois é, filho, às vezes dá. Às vezes.

# Pedro e a escuta

*25 de junho de 2020*

Durante uma das habituais chamadas de vídeo com o neto, a avó pergunta:

— Você *tá* com saudade da vovó?

Pedro diz que não conseguiu escutar. Estranho... eu, que nem estava por perto, ouvi. Ela repete em alto e bom som:

— Você não *tá* com saudade da vovó?
— O que você falou? — retrucou o garoto.

A essa altura, eu já desconfiava que fosse peraltice. A situação se repete mais algumas vezes (confirmando minha desconfiança de que se tratava de uma trolagem), até que ela perde a paciência e diz energicamente:

— Pedro! Como você não ouve, se eu já falei cinco vezes?

O garoto responde rapidamente, como se já esperasse por isso:

— *Agola* você falou seis vezes, vovó — e solta uma gargalhada.

# Pedro e o padrão

*6 de julho de 2020*

Ao me escutar falar uma palavra desconhecida por ele até então, perguntou-me:

— O que é *padlão*, papai?

Expliquei com muitos exemplos que padrão é algo que ocorre com certa regularidade, mas não fiquei convencido de que tenha apreendido completamente o significado. Pedro me mostra diariamente o quão difícil é explicar substantivos abstratos para uma criança de 4 anos. E olha que nós, da psicanálise, temos um grande apreço por esse tipo de palavra, a começar pelo significante "inconsciente". Há algo mais abstrato?
Agora há pouco, já de noitinha, ele foi fazer xixi e pediu para que eu verificasse se havia escapado um pouco na cueca. Após um período de ligeiros escapes, tem se orgulhado pela conquista da continência urinária, conquista parcial e claudicante, pois os escapes ainda são frequentes. Quando eu disse que não, que a cueca estava seca, Pedro falou com um ar *blasé*:

— É, papai, eu não fazer xixi na cueca é um *padlão*.

# Pedro e os temperos

*10 de julho de 2020*

Estar na cozinha com o Pedro é sempre um aprendizado. Escuta-se coisas do tipo: "Nachos é comida *lexicana*." Mas, apesar das risadas, ele trabalha com seriedade, participa de todo o processo (separa ingredientes, lava, descasca, tempera, cozinha) e assiste, também, aos vídeos da Rita Lobo. Hoje Rita comentou que não havia "definido uma medida exata para a quantidade de alecrim", que "colocava a olho". Bastante atento, Pedro falou:

— Papai, coloca o tomilho, o sal, o *aleclim* e o *aolho*.

A comida ficou boa, no ponto certo, mas acho que faltou uma pitada de "*aolho*".

# Pedro e o xadrez

*19 de julho de 2020*

Se há uma vantagem em ser filho de psicanalistas — arriscaria a dizer que consiste na única vantagem — é o fato de poder usar os objetos da caixa lúdica, aposentadas desde o início da quarentena. Recentemente, ele descobriu o jogo de damas, mas faltou um item essencial: o tabuleiro. A princípio, improvisamos na minha camisa xadrez, também aposentada. Mas rapidamente percebi as limitações da indumentária que, de fato, só serve para manchar de vinho quente no São João.

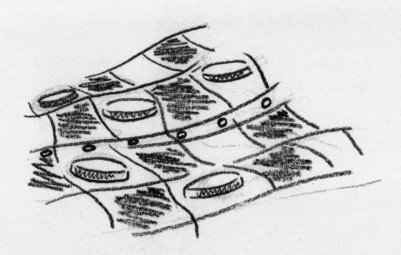

Evitando as lojinhas de R$ 1,99 e o covid-19, fizemos durante aquele fim de semana um tabuleiro artesanal. Durante sua confecção, assustei-me por conta de um grito:

— Papai! — exclamou surpreso o garoto —, olha o que achei!

Desnorteado, procurei no desenho do tabuleiro o que lhe chamou tanto a atenção. Foi em vão.

— Você não viu, papai?
— O quê, Pedro?

Aí o moleque respondeu efusivamente:

— Um *padlão*, papai, *pleto* e *blanco*, é um *padlão mesmos*.

# Pedro e a casa perfeita

*21 de julho de 2020*

— A gente *podelia molar* no muuuundo todo.

Após breve silêncio, Pedro concluiu:

— Aí a gente ia ficar *plotegido* do *colonavilius*. *Poique* nossa casa *selia* o mundo.

Novo silêncio.

— E a nossa casa não *ficalia* nesse *plédio* que é um pouco *maglinho* e *cumplido*.

Dessa vez, a pausa foi mais longa, talvez porque a reflexão exigisse.

— A gente ia *molar* numa cidade-casa.
— De onde você tirou essa ideia, filho?
— Da minha cabeça, papai. Todas as ideias ficam aqui *dentlo* da minha cabeça...

# Pedro, o "azudante" IV

*27 de julho de 2020*

Ontem arriscamos nossa primeira torta de maçã, mas não deu muito certo. Conheci essa torta quando tinha a idade dele — um pouco mais velho, talvez — durante internação hospitalar decorrente de um pequeno acidente. De lá para cá, tornou-se minha sobremesa favorita... ou "*favolida*", como diria Pedro.

Como o garoto é do tipo que encarna o personagem, seu primeiro gesto foi o de colocar um chapéu caipira que, segundo ele, era um chapéu de *chef*. Concluída a paramentação, mãos à massa. Enquanto fazíamos, ampliamos vastamente o vocabulário: "*mido de milho*", "*baumilha*" e "*sovando*" foram algumas das palavras e expressões aprendidas. Ele até pediu para que eu adicionasse um pouco de "sovando" à massa enquanto assistia à cozinheira no YouTube. Minha hipótese é a de que não deu certo porque "sovando" em excesso não cai bem.

Lembrei, durante a confecção, que foi no período em que estive internado que minha mãe se prontificou a aprender a receita com alguma funcionária do hospital (a cozinheira? A enfermeira? Não sei). Não esqueçamos que, na década de 1990, ainda não havia *youtubers*. Durante muitos anos, eu a auxiliei no preparo dessa torta. Pedro escutou atento e concluiu:

— Você e sua mamãe é igual eu e você que te *azudo* a faze a *tóita*.

Não há dúvida, a torta deu muito certo.

# Pedro, o contador de história

*10 de agosto de 2020*

Hoje não serei eu, mas sim, o Pedro quem contará a história. A primeira que escuto dele com começo meio e fim.

**João e o amendoim doce**

— *Ela* uma vez um menino e um amendoim doce, só que esse amendoim não falava. Aí o menino *quelia* comer um amendoim doce e foi até a ilha do amendoim. Mas lá só tinha amendoim não doce. Então ele saiu da ilha e foi até o *meicado* do amendoim *dulo* e pagou 100 *errais*. Aí ele não comeu *poique* ele não gosta. Quem comeu foi o gigante. Aí ele conseguiu *tles* amendoins: o mágico, o falante e o cantante. Aí ele plantou o falante e começou a cantar. Quando a árvore *clesceu*, ele conseguiu chegar na ilha... ilha não, no monte de amendoins doces.

— Aí ele comeu, filho?

— Não fale, papai — repreendeu-me o pequeno *griot*.

— Ok.

— Aí ele comeu tanto que ficou muito *goido* que

não conseguia mais andar. Aí ele foi rolando até a casa dele, e quando chegou, a mãe dele pensou que era uma bola. Aí o menino, que era eu, falou *pla* mamãe dele que *ela* ele. Aí ele foi no *restaulante* de comida mágica e comeu, e não ficou mais *goido poique* a comida *ela* mágica. Aí o papai dele, que é você, falou boa noite.

— Eu vou escrever sua história, Pedro.

— Mas você ainda não viu o fim. Aí o menino, que é eu, foi *blincar* de pega-pega com a Bruna. *Poique* a menina da *histólia* é a Bruna. E fim.

Silêncio.

— Mas isso foi depois da *bactélia* — finalizou o garoto, ciente de que só após o fim da pandemia poderemos rolar pelas ruas com tranquilidade.

# Pedro e o incêndio

*22 de agosto de 2020*

— Posso *assopar* essa vela?

Minha milésima resposta a essa insistente pergunta foi:

— Não pode, filho, é perigoso. Pode derrubar a vela e incendiar a casa. Já pensou ficar sem casa em plena pandemia?

Com o olhar mais inocente do mundo e sem entender, Pedro disse:

— Mas, papai, eu só *quelia assopar* a vela.

# Pedro e os *black books*

*13 de setembro de 2020*

Quando Lélia chegou em casa, deixei-a ali entre Fanon e bell hooks, num abraço fraternal. E pensei em voz alta:

— Preciso de uma nova prateleira para os meus *black books*.

Pedro, sempre atento, achou graça e começou a repetir:

— *Beck buk, beck buk...*

E perguntou se eram "coisas *pletas*". Expliquei que se tratava de livros que abordavam a cultura negra e/ou da África. E com essa explicação, comecei a pegar vários livros dele, questionando se era ou não um *black book*. Acertou todos os que eram e descartou corretamente quase todos os que não eram. Em alguns, vacilava e pedia ajuda. Tive a oportunidade de juntar aos seus dois livros sobre Mandela o meu, e lhe disse que herdei do meu pai (versão de 1988). Maravilhou-se ao descobrir que bell hooks "*esclevia livlos pala* adultos e *clianças*". Por fim, ficou todo feliz por ter ele próprio sua biblioteca de *black books*.

# Pedro e a fonte dos desejos

*25 de outubro de 2020*

Eu e Pedro temos assistido a Chaves frequentemente (confesso que, logo de cara, já tropecei na gramática — "eu e Pedro" ou "Pedro e eu"? Como o Chaves me ensinou que o burro vem na frente, optei em manter primeiro "eu" e depois "ele"). Hoje assistíamos ao episódio da fonte dos desejos, quando perguntei:

— Filho, se pudesse pedir um desejo à fonte, qual você faria?

Pensou, pensou...

— Eu ia desejar que você ficasse o tempo todo comigo.

Fico um pouco desconcertado, pois se é um fato que "o pão de cada dia, cada dia hei de buscá-lo", esse desejo não se realizará tão facilmente. Pedro percebe meu constrangimento e seu desejo abre uma concessão à realidade.

— Na *veidade*, papai, eu ia desejar que você passasse mais um pouquinho de tempo comigo. Só mais um pouquinho.

Mal sabe que, se pudesse, eu pediria o mesmo à fonte. Pedro e eu (à revelia da norma culta). Só mais um pouquinho.

# Pedro e a eternidade

*11 de dezembro de 2020*

Brincávamos de empilhar blocos. Construímos duas grandes torres. Quando a primeira tombou, Pedro exclamou:

— Vai *dular* uma *eteinidade pla* levantar de novo!

Não tardou para que a segunda caísse e Pedro manifestasse seu descontentamento:

— Não *acledito*, papai! *Agola* vai *demolar* duas *eteinidades*.

# Pedro e o poder do livro

*20 de dezembro de 2020*

A brincadeira mais frequente por aqui é com Lego. Pedro gosta de misturar peças, criando personagens. Quando montou uma nova, perguntei o que ela fazia.

— O poder dela é *esquever livlo*. Aí ela bate no inimigo com a *histólia* que ela inventa.

Amei essa heroína! Está faltando surra literária em muita gente atualmente.

# PARTE 4
## 2021
- 4/5 anos -

# Pedro e a direção ortográfica

*10 de janeiro de 2021*

Tacou a bola no alvo e, após o erro, lamentou:

— Eu sabia onde eu *quelia* jogar, mas não *adilecei* certo.
— O que é "*adilecei*", filho?
— Você não sabe, papai? É jogar na *dileção* do lugar que a gente quer.

# Pedro e a interdição

*17 de janeiro de 2021*

Deitado com Pedro após o almoço, ele começa a falar pausadamente, em tom ameno:

— Papai, sabe? Eu acho que não posso nada... não posso usar meu *tablet*... não posso bater... não posso chutar... não posso dar tapa... não posso levantar da roda quando o *plofessola tá* contando *história*... não posso bater na lâmpada com a mão... nem pegar no *plego*.

De vez em quando tenho a impressão de que a sociedade nasce boa, mas as crianças a corrompem.

# Pedro e a saudade

*7 de fevereiro de 2021*

Toda a noite, quando vou colocá-lo para dormir, escuto a frase:

— Papai, qual foi a *paite* do dia que você mais gostou?
— Eu gostei quando você disse que sentiu saudade de mim.
— *Poi* quê?
— Porque, quando a pessoa sente saudades, significa que ela gosta do tempo que passa junto com a gente.
— Papai.
— Oi, filho.
— O que é saudade?
— Sentir saudade é quando a gente sente falta de alguém.
— E o que é falta?

Surpreso, me apressei na busca por uma resposta. Pensei, pensei, mas nem Lacan me salvou dessa.

— Papaieeeee! Você *tá demolando*.
— É uma pergunta difícil.

A essa altura, já me sentia pressionado e o suor quase pingava.

— Já sei! Sentir falta é quando a gente sente saudade.

Pedro riu, riu bastante. E aparentemente, aceitou a resposta. Eu já estava quase perguntando a ele se achava graça em tautologias, quando me detive— imaginem a dificuldade que seria explicar o que é tautologia!

# Pedro e o fim do espaço

*março de 2021*

Pedro está numa fase em que tem pensado bastante sobre o infinito. Geograficamente, ele define o infinito como o tamanho do espaço. Numericamente, o 100 representa o incontável. Hoje ele comentou que sua amiga Maria — uma pequena astrônoma de 4 anos — afirmou que o espaço tem fim, só que é muito longe.

— *Polisso* eu acho que todo mundo pensa que não tem fim, *poique* é muito longe.

Silêncio.

— Papai, o fim do espaço é em um planeta muito longe. Nesse planeta deve ter uma *plaça* que cabe cem pessoas, uma *plaça* gigante. E tem cem bolas. E muitos escorregas. E *tles* tanques de aleia. E *tles* mais *tles* balanços.

Mais silêncio.

— *Pla* chegar nessa *plaça*, *plecisa* de um foguete que cabe cem pessoas. Mas não pode levar nenhum *blin-*

*quedo*, nem mesmo o *tablet*... se a pessoa tiver, *poique* não é todo mundo que tem *tablet*.

(...)

— E nesse planeta tem uma *plotegeção tlanspalente* que não deixa o *colonavílus entlar*. Se ele encosta, ele queima.

# Pedro e a tese

*Abril de 2021*

— Eu tenho uma hipótese! — bradou a criança
— E o que é uma hipótese, filho?
— Hipótese é quando a gente testa uma *palavla*.[1]
— E qual é sua hipótese?
— Eu não *lemblo* mais.

Eu, que também elaboro minhas conjecturas, cometi o deslize de transformar uma de minhas hipóteses em tese. Com Pedro recém-nascido, era pegar ou largar. Na dúvida, acabei me embrenhando no terreno árido do doutorado ao mesmo tempo que experimentava a paternidade. Lá se vão vários anos (da criança e da pesquisa). Primeiros dentes, introdução alimentar, primeiros passos, primeiros tombos, introdução da tese, Palavra Cantada, praça, choro, vai até o berço, nina até dormir, troca o dia pela noite, broncopneumonia, preocupação, desmame, primeiras palavras, frases, hipóteses, exame de qualificação, escolinha, desfralde, pandemia. Ops! Sempre há algo que foge ao calculável.

---

[1] Conferir Bruno (personagem de desenho animado). In: *Dinotrem*. São Paulo: Netflix, 2020.

Daí em diante, na reta final da escrita da tese, tudo ficou mais difícil. Tive de recorrer a um método de concentração, desses que se vê na internet. O método é simples: 35 minutos focados exclusivamente na escrita e 5 minutos de dispersão. Funcionou bem no início, *super* indico. Depois, fui percebendo que houve modificações no ciclo, que passou a ter 10 minutos de estudo; 5 minutos escutando o garoto insistir em uma brincadeira que colocava em risco sua integridade física; 5 minutos escutando o choro; 5 minutos consolando a criança; e nos últimos 15 minutos, eu cedia e fazíamos a brincadeira na qual ele vinha insistindo.

No penúltimo dia antes do prazo final, Pedro me chamou para brincar e tive de explicar a ele:

— Não posso, filho. Faltam apenas duas páginas para eu terminar a tese.

— E isso é muito?

— Não. O problema é que uma é em português [resumo] e a outra é em inglês [*abstract*]. Por isso fica mais difícil.

— Eu te *azudo* a *esclever*, papai.

Quando vi, ele já estava no meu colo e eu soletrando aquilo que tinha de escrever. No dia seguinte, quando fui colocá-lo para dormir, Pedro me perguntou sobre a tese.

— Já acabou de *esclever* seu *doutolado*, papai?
— Sim, filho, acabei hoje.
— Até aquela *páite* que *ela* em inglês?
— Sim
— Uau! E sem a *azuda* de ninguém?

Fui auxiliado, naturalmente, mas nenhuma *azuda* se compara à que tive do Pedro durante esse processo.

# Pedro e o medo

*Maio de 2021*

Tempos difíceis. Sair de casa, encontrar os amigos, tomar a condução, fazer compras no mercado, mandar o filho para a escola e até mesmo trabalhar é motivo de temor. O medo atmosférico, entretanto, não tem primazia na lista das principais fobias, vide essa turma que anda com a máscara ora no nariz, ora no bolso. Claustrofobia, agorafobia, nictofobia e aracnofobia são muito mais comuns.

Seria um grande exagero chamar de catsaridafobia a relação que tenho com as baratas. Prefiro dizer que tenho um baixíssimo apreço por elas, o que certamente tem mais exatidão. Sou do tipo que não se aproxima quando topa com uma, mas que também não corre (com exceção das que voam, obviamente). Talvez essa explicação não seja suficiente para expressar a natureza de nossa relação. Pronto! Para que se possa ter uma medida da distância que busco estabelecer com elas, aqui vai uma informação elucidativa: logo nos primeiros capítulos, abandonei *A paixão segundo G.H.*, de Clarice Lispector.

Por um afortunado acaso, onde moramos elas são raras. Eu mesmo vi, no máximo, cinco na última década. Em consequência disso, Pedro, menino de cidade, não teve muitas oportunidades de conhecê-las. O grande encontro aconteceu apenas aos 3 anos, quando gritou surpreso e excitado, de lá do corredor:

— Papai, você vai ter que *pegá* a *laquete pla* gente matar o maior *peinilongo* do *univéiso*.

Ri e ri muito, principalmente após ter vencido a peleja contra minha adversária, que, por sorte, não voava. Ao Pedro, tadinho, faltavam referências fidedignas. De fato, aquele "pernilongo gigante" em nada se assemelhava à simpática barata que aparece nos vídeos da Galinha Pintadinha com sua saia de filó, anel de formatura e sapato aveludado.

Mas esse é um medo infantil, medo bobo. A gente cresce e passa a se preocupar com outros temores, como a violência urbana. Não era o meu caso, até Pedro nascer. A mudança das lentes através das quais enxergávamos tudo é imediata, vem com o primeiro choro do bebê. Acidentes, furtos, assaltos e todos os outros riscos são acentuados pelos óculos fóbicos da paternidade. Já saí da maternidade com o pensamento: "Agora teremos que manter esse recém-nascido vivo, higienizado e alimentado." Quis o destino que obtivéssemos logro nessa tarefa.

Contudo, houve sustos. Um deles foi quando furtaram meu carro. Não havia ninguém no veículo, o que não me livrou dos efeitos da cena dos cacos de vidro estilhaçado sobre seu bebê-conforto. Cena traumática.

Talvez esse seja um dos motivos pelos quais seu *tablet* nunca havia saído de casa. Entretanto, a exceção — essa insuportável — é persistente em sua função de confirmar a regra. Por isso, no dia da exceção, tive de explicar que não poderia usar o aparelho enquanto estivesse no carro, apenas quando chegássemos em meu trabalho.

— *Poi* que eu não posso?

Difícil pergunta. Como falar a uma criança de 4 anos sobre gatunices e assaltos? Depois, teria ainda de discorrer sobre e a desigualdade social geradora de boa parte da violência cosmopolita. O que nos levaria a uma discussão sobre êxodo rural, precarização do trabalho, Engels e crise de 1929. E o pior é que nem sei se suas posições políticas se assemelham às minhas. Aliás, esse é outro medo que carrego. No improviso, eu respondi:

— Porque corre o risco de alguém pegar de você, tem pessoas que fazem isso.

O espanto era nítido em sua feição.

— Puxa, papai! E pegam sem pedir "por favor"?

Constrangido e receoso de ter queimado a largada, ter entrado no assunto no momento errado, tento consertar.

— Sim, filho, sem pedir. Mas não acontece sempre, a maioria das pessoas não faz isso. Acontece só de vez em quando, mas, mesmo assim, temos de tomar cuidado.
— Ah! Só de *veiz* em quando? Acho que é *polisso* que nunca aconteceu comigo.

Pedro foi o caminho todo sem reclamar a ausência de seu *tablet*, provavelmente ensaiando a situação em que poderá chamar de "ladrão" o próximo coleguinha que pegar um brinquedo sem pedir "por favor".
Depois de um tempo, a gente descobre que, mais do que manter a criança viva, trazer para o mundo da linguagem dá um trabalhão danado. Mais difícil que matar barata voadora.

# Pedro e os afazeres domésticos

*Junho de 2021*

Em vias de brotar musgos, decidi dar *um tapa* no banheiro. Detergente, cândida, desinfetante e balde me auxiliaram. Mas faltou o essencial.

Nos primeiros meses da pandemia, era uma festa. Todas as vezes que eu ia lavar o banheiro, Pedro logo dobrava a barra da calça, pegava sua esponja e colocava um par de chinelos — aqui cabe uma explicação: ele só anda de meias pela casa, o chinelo só é usado em ocasiões muito especiais.

Quando eu ia cozinhar, era ele quem colocava os temperos, lavava as batatas e batia o bolo com a colher de pau. Era assim, sempre ao som de Barbatuques, Palavra Cantada ou Chico Buarque. Os dias passaram, a pandemia permaneceu, a sujeira se acumulou no vidro do box, e a boa vontade do garoto em me *azudar* esmoreceu.

Em dado momento, ali no comecinho, quando não sabíamos quanto tempo duraria o distanciamento social (e sabemos?), ele decidiu que aprenderia a lavar louça. Ensinei. E me arrependi. Explico: certo dia, Pedro me pediu um copo para beber suco. Sugeri que usasse aquele em que havia tomado água. Recusou-se, falando que gosta de um copo para cada coisa. Exaltado, perguntei-lhe quem lavaria toda aquela louça que ele estava sujando. Respondeu-me, bem assim, curto e grosso:

— Eu, papai.

Calei-me. Cessaram os argumentos.
De volta ao banheiro, quase no fim da tarefa, constatei que esfregar paredes sem a companhia do filho é chato. Uma vez, escutei de alguém (com mais experiência) que a faxina é uma espécie de terapia, um exercício que limpa a casa e a alma. De minha parte, prefiro o conforto do divã e não faço questão de assepsia subjetiva.
Por falar em divã, lembro-me de uma situação recente em que eu acabara de arrumar a cama do Pedro, que observou com paciência meu empenho em deixar o lençol milimetricamente estendido. Assim que acabei, ele se aproximou sorrateiro e começou a pular e gargalhar, talvez confundindo a cama com um trampolim. Ensaiei uma bronca, mas detive-me. Pensei em quem estaria mais equivocado: o menino que salta ou o adulto que se ilude, acreditando que uma cama se manterá intacta até o fim do dia (dia de domingo, em confinamento)?
Ademais, sequer sou um adepto da doutrina que vê na cama arrumada uma instituição essencial. Para

ser sincero, vejo nessa empresa — de fazer a cama ao acordar para logo à noitinha desfazer — um gesto semelhante ao de Sísifo. A cada lençol estendido, uma pedra rolando montanha abaixo. E na manhã seguinte, a tarefa se repete e se repete. É sabido que Sísifo recebeu esse castigo por enganar os deuses. Eu sou o Sísifo que empurra a pedra, mas também o deus ludibriado pela criança que promete que "foi a última vez".

Pensava sobre isso quando escutei sua voz:

— Papai, eu já acabei de assistir meu desenho e vim te *azudar*.

Descalço, segurava o chinelinho em suas mãos. Em silêncio e com o ar de gravidade que a situação exigia, entreguei sua esponja. Em seguida, fui buscar a caixinha de som para escutarmos Barbatuques durante a minha terapia sem divã. Há fazeres domésticos que se transformam em leves pedrinhas que rolamos pelas montanhas quando estamos em boa companhia.

# Pedro e a cidade
*Julho de 2021*

Mudam-se os tempos, mudam-se as vontades. A vontade mais recente é a de tirar fotos durante as caminhadas, que já se tornaram hábito. Enclausurados desde o início da pandemia, tínhamos mesmo de sair do casulo em algum momento. Dessas saídas veio a ideia da fotografia. Com o celular na mão, Pedro vai capturando as imagens que lhe interessam.

Dia desses, nos deparamos com o cadáver de uma lagarta estatelado no caminho. O frescor do defunto indicava que foi morte matada. Minha intuição dizia que o assassino era um desses sapatênis que, aos montes, lotam as calçadas de Pinheiros. Há um atenuante, entretanto. Todos sabem que o sapatênis está sempre distraído, a passos curtos e céleres; nunca vê quem está à sua frente. Anda em blocos de quatro ou cinco pares, sempre em direção à Faria Lima, segurando seus *smartphones*. Por isso, aperto bem a mão do garoto quando estamos na rua para que não tenha o mesmo destino da lagarta.

Passada a primeira impressão, comecei a trabalhar sobre a hipótese de que não se tratava de um simples caso de homicídio culposo. Talvez houvesse ali a intenção de dolo contra o inseto indefeso. Eu não podia ignorar que, além dos sapatênis, havia uma porção de sapatos assumidamente sociais, que sabem onde e em quem pisam. Nessas circunstâncias, a investigação não seria tão simples. Mesmo porque sapatos sociais são influentes e mantêm boas relações com as togas e com os coturnos. Além disso, outra questão que se impunha era saber se foi serviço encomendado ou se foi realizado com as próprias mãos, digo, com os pés.

Deveria considerar, também, que havia alguns poucos mocassins que jamais poderiam ser descartados. É um tipo dissimulado, cujos passos em falso sempre trazem desconfiança. Os pés descalços, que se multiplicaram na região desde o início da pandemia, estavam definitivamente descartados. Sabem o chão que pisam e respeitam quem está embaixo.

A luz do *flash* interrompeu minhas elocubrações investigativas. Como todo bom fotógrafo, o garoto sacou sua câmera e clicou rapidamente. Não fez nenhum comentário e seguimos.

Após algumas semanas, passeávamos pela rua quando, de repente, Pedro parou, olhou para o chão e exclamou:

— Olha, papai!
— Olhar o quê?
— Você não está vendo? — perguntou-me.

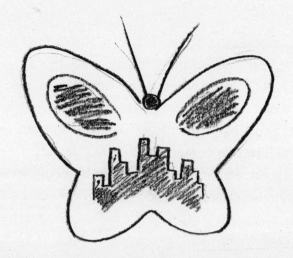

Sem compreender do que se tratava, retruquei:

— Ver o quê? Não tem nada aí, menino.
— Isso mesmo, a *lagaita* que estava aqui naquele dia, que foi *outlo*, não está mais. *Selá* que *tilalam*?

Para não estender a conversa, respondi:

— Não sei, filho. A gente viu ela já faz umas quatro semanas. Dificilmente estaria aí até hoje.

Continuamos o trajeto. Observei que seu olhar e seu pensamento divagavam e perguntei sobre o que refletia. Respondeu-me que achava que a lagarta tinha virado borboleta e que, portanto, deveríamos ir atrás dessa borboleta.
Ele procurou determinado, enquanto eu pensava sobre a transformação que estava sofrendo o bairro.

Nossa querida livraria, a Fnac, deu lugar a uma colossal rede de planos de saúde, melancolizando ainda mais a paisagem, que é composta basicamente por grandes edificações. Contrastando com os edifícios, sempre houve pequenas construções térreas que abrigavam os mais diversos comércios, de lojas de variedades a restaurantes de comida caseira. Os sapatênis adoram esses restaurantes, fazem até fila. Eu gosto mesmo é do cheiro, cheiro de batata frita, de feijão e de salitre. Mas evito comer.

Essas casinhas já não existem mais. Derrubaram tudo: as lojinhas, os restaurantes e o salitre. No lugar, obras. Pedro as registra em imagem, eu as registro sonoramente. Uma sinfonia de marretas: agudo, grave, médio, de manhã, à tarde, à noite. É a nova canção de ninar. A atmosfera é ocupada pela poeira, em substituição ao delicioso aroma que vinha dos pratos servidos aos sapatênis. Estes, por sinal, estão em menor número, o que é bom. Dividem espaços com calçados esportivos e — pasmem! — com chinelos e Crocs. O *home office* impera. Menos para aqueles que, com suas botinas, só fazem barulho: os operários, mestres de obra e engenheiros.

As máscaras, sempre cirúrgicas, nos protegem contra o vírus e contra a poeira das obras. Mas não são eficazes contra a poluição visual. Continuamente vemos novidades: cimento, botinas e caminhões de todo tipo — caminhão-pipa, caminhão plataforma, basculante —, nenhum passou despercebido pela câmera do pequeno fotógrafo. Os guindastes são um espetáculo à parte, sempre paramos para assistir. Placas de obras também são alvos. A naturalidade com que ele observa e registra me ajuda a elaborar o fato evidente de que todo o mundo é composto por mudança.

Por fim, prestes a chegar em casa, Pedro gritou:

— Papai, papai! Olha, um *boiboleita*! A gente achou, eu sabia que ela não tinha *molido* [morrido].

Ela voou e se foi. Linda. As lagartas, assim como as cidades, se metamorfoseiam, e nós, pais, também nos transformamos quando saímos do casulo.

# O pai do ano

*Agosto de 2021*

Dia dos Pais chegando, tempo de pensar sobre paternidade. Uma das dificuldades que se somam às fraldas, choros e noites mal dormidas são as comparações. Me impressionam esses caras que trabalham, estudam, cozinham, faxinam, escrevem, malham e se encarregam dos cuidados dos filhos. Até faço algumas dessas coisas — não malho! —, mas aquilo que faço, faço muito mal. Demoro séculos para trocar uma lâmpada queimada, por exemplo, e assim faria sem me preocupar, se não houvesse comparações.

Fico constrangido quando vejo um pai como o Thammy Miranda reformando uma casa com as próprias mãos, e o pior, ele reforma a casa de seu pai, mostrando que, além de dar exemplo para o filho, enche o próprio pai de orgulho. Não sou exemplo nem orgulho. E o Marco Piangers? Esse é um que nem gosto de pensar muito que já dá raiva. Como se comparar?

Mas nem precisamos ir muito longe para encontrar heróis. Na própria família temos exemplos humilhantes. Sempre circulou em casa uma história de que meu pai salvou meu irmão recém-nascido de uma queda ainda na maternidade. Não consigo salvar meu filho nem de um resfriado quando insiste em ficar sem blusa.

Hoje gostaria de contar uma história, a do pai do ano, que escutei no rádio enquanto voltava para casa com Pedro após buscá-lo na escola.

Juan é um pai extremamente carinhoso, mas que, por conta de desentendimentos com a mãe, ficou sem ver a filha de 4 anos por um longo período. Não cabia em si de tanta alegria quando o juiz anunciou que poderia encontrar novamente sua menina. Se preparou por semanas, fez todo um planejamento: comprou uma toalha xadrez para o piquenique, as frutas prediletas da garota e até mesmo os chicletes proibidos (decisão essa que foi proferida por sua dentista e ratificada pela mãe). A ocasião merecia, sim, uma pequena transgressão.

Talvez tenham sido exatamente suas intenções transgressoras que animaram os santos a lhe castigarem. Na realidade, foi um único santo: São Pedro. Justo na semana do grande encontro, o tempo virou. Dias frios, como há muito não se via em Barcelona. Mudança de planos, o convescote teria de ser em casa mesmo. Para compensar, Juan preparou uma série de brincadeiras para essa tarde, algumas inspiradas em sua infância, outras ele aprendeu com vídeos na internet.

Chegado o grande dia, foi à escola da garota e logo a encontrou: estava sozinha num canto, toda empacotada, com um grande casaco e o seu cachecol azul, além da máscara (que é acessório obrigatório em tempos pandêmicos). Pegou a filha nos braços e levou-a para sua casa.

Teve a melhor tarde de sua vida. Diferente das outras vezes, Carla estava mais extrovertida, ria a cada brincadeira, a cada careta, a cada *pum* que o pai soltava. Pularam amarelinha, fizeram piquenique, jogaram videogame. Foi no momento em que ela fez o segundo gol com o Messi (pois, apelativa que era, só jogava com o Barça) que o sonho se tornou um pesadelo. O pai atendeu ao telefone. Era da escola. Juan havia levado a garota errada! Sua filha — a Carla verdadeira — passou a tarde inteira na escola esperando esse que ficou conhecido em toda a Espanha como o "pai do ano". Em sua defesa, Juan disse aos jornais: "Los niños cambian, además es muy difícil de reconocerla con esta máscara" ["Os filhos mudam, e além disso, é muito difícil reconhecê-la com esta máscara"].

Carla, apesar de introvertida, é muito compreensiva e perdoou o pai. Quem não o desculpou foram os pais da falsa Carla, que entraram com um processo contra Juan (não pelo sequestro, mas pelas cáries que apareceram em decorrência da ingestão de guloseimas).[2]

Interrompi essas elocubrações repentinamente, parei o carro e olhei para trás. Lentamente, retirei a

---

[2] Trata-se de uma ficção inspirada em história real (*https://paisefilhos.uol.com.br/familia/pai-que-confundiu-filha-e-buscou-crianca-errada-na-escola-se-defende-elas-mudam-muito/*, acesso em 3 de junho de 2022).

máscara cirúrgica que cobria seu rosto. Alívio! Era ele mesmo! Pedro, o meu Pedro, dormia em sua cadeirinha, cansado.

Talvez seja melhor mirar menos nos pais do ano para nos dedicarmos mais à invenção de nossa própria paternidade a cada dia, a cada momento.

# O pai, chocolate ou *tablet*? Uma difícil escolha

*Setembro de 2021*

— Te amo, filho.
— Eu também — responde ele com voz apática.
— Te amo mais que chocolate, filho.
— Eu até te amo, mas é que eu gosto *muuuuito* de chocolate, papai, mais do que de você.

Silêncio. Talvez para me consolar, revelou que o chocolate não é, assim, tão importante e quebrou o gelo.

— Papai, papai.... sabe? Eu gosto mais de *tablet* do que de chocolate.

Não mais que de repente, de segundo da lista caí para terceiro.

Tem um filósofo que escreveu que a grande questão que define os termos das relações humanas é aquela que a pessoa tem de escolher entre "a liberdade ou a vida". Se tivesse chegado aos dias de hoje, esse filósofo teria de adicionar uma cláusula à sua questão. Em letras miúdas, incluiria: "Caso abra mão da liberdade, não será permitido o uso de aparelhos eletrônicos."

Veja bem, a privação de liberdade se torna menos penosa quando temos à disposição esses aparelhinhos. Sempre me pergunto sobre como se entretinham os confinados da gripe de 1918. Não quero, com isso, passar a falsa impressão de que, na atual pandemia, seja fácil; apenas reconheço que facilita um bocado ter filmes, músicas, livros, jogos e redes sociais ao alcance da mão.

Suponho que Pedro partilhe da mesma opinião. Já vem de uma geração que sabe que o potencial de entretenimento dos joguinhos é maior que o mais criativo dos adultos. Eu, adulto, lamento. Mas me esforço. Hoje mesmo, após ouvir que ele prezava mais pelo dispositivo eletrônico do que por mim, resolvi levar a rivalidade que travo com o *tablet* até as últimas consequências.

— E se tivesse caindo de um prédio eu e o *tablet*, quem você salvaria?

Percebi que ele nem precisou pensar para responder, o que me deu esperanças.

— Eu *pegalia* meu *tablet* e *chamalia* alguém *pla* te salvar... é *poique* eu não te aguento, você é muito pesado.

Silenciosamente refletimos — eu, com o orgulho ferido; ele, plácido.

Já não concordava com o filósofo, agora me distanciei mais ainda de suas conclusões. A pergunta fundamental é: "O pai ou o *tablet*?" Ela define os termos da relação. O chocolate, obviamente, fica de fora. É amplamente difundida a ideia de que não há maior metafísica no mundo do que comer chocolate, se lambuzar sem se dar conta de que a embalagem é feita de estanho ou qualquer outro material biodegradável. Come chocolates, pequeno sujo! E depois me responda à pergunta: "O pai ou o *tablet*?"

Antes que eu prosseguisse com minha filosofia, o menino suplementou sua resposta:

— Papai, como eu não te aguento, eu *jogalia* uma coisa no chão *pla* você cair no macio...um *tlavesseilo*.

Com esse afago de palavras e plumas, cresceu a vontade de libertá-lo das expectativas e demandas paternas. Mas essa escolha ele terá de fazer por conta própria.

# *Terrible two*

*Outubro de 2021*

Sem rodeios. Nada de evasivas. Há quem floreie e substitua o *terrible two* por eufemismos. Não faço concessões de tal natureza. *Terrible two* começa cedo. Dois segundos — ou mais — de infinito silêncio até o choro do recém-nascido. Logo em seguida, aos dois primeiros minutos de vida extrauterina, peguei no colo. Por volta da segunda hora de nascimento, lá estava eu dando o banho. E a voz falava: "Ai de você, ai de você se derrubar a criança, rapaz!" *Terrible two, terrible years, months, days, hours, minutes.*

Teve o dia em que ele cismou de sair de casa fantasiado de Homem-Aranha. O único problema é que ele não tinha essa fantasia que tanto queria. Tal qual um figurinista, ofereci todo o acervo, de Marvel a DC Comics, de Pantera Negra a Batman. Seus 2 anos de pura teimosia recusaram todas as ofertas. Por fim, após extenso debate, decidi que sairíamos e pronto.

O arrependimento não tardou: choro e gritos convenceram-me de que não custava nada cerzir um trapo vermelho com outro azul antes de sair de casa. Já não dava mais tempo, havíamos passado a catraca do metrô. Após o falecimento da esperança, que, em regra, deveria ser a última, pus em prática a única ideia que me ocorreu: peguei um saco de papel pardo, fiz dois furos e lhe entreguei.

— Toma filho, pode colocar sua máscara de Homem-Aranha.

Apreensivo, esperei sua reação.

— *Obligado*, papai.

Ufa!
A sensação de alívio durou apenas até eu atinar que havia muitos pontos de vista. O primeiro, de Pedro, era o de um herói andando pelo metrô e lançando teias por toda parte. O segundo era o de um pai e de uma mãe que encontraram a bonança num saco de papel. O terceiro, claramente perceptível no olhar de espanto e reprovação dos passantes, era o de dois adultos segurando as mãos de uma criança com cabeça de papelão.
A cada estação, novas pessoas entravam e nos julgavam. Alguns, mais amistosos, tinham ar de consternação. Como já estávamos chegando, pedi que retirasse a "máscara", insisti, negociei, implorei e, finalmente, fracassei na tentativa de dissuasão. Seguimos em frente. Eu, com a esperança de que parassem de reparar. Passamos a catraca, todos olhavam. Subimos na escada rolante, continuavam olhando, alguns até viravam.

Chegamos na Paulista e... uma barraca de máscaras!

— Olha, filho, uma barraca de máscaras de heróis. Vamos comprar a do Homem-Aranha!

Àquela altura, eu já nem me importava com o preço.

— Mas eu não *quelo* do Homem-*Alanha*, eu quelo do Capitão *Amélica*.

Levamos a do Homem-Aranha. *Terrible two*.

Aos 2 anos, teve também a fase da bota do Batman. Todo dia tinha que usar a galocha do homem-morcego, fosse no inverno, fosse no verão. Certa vez, enquanto degustava seu calçado, Pedro foi surpreendido pela voz da mãe.

— Pedro, tira essa bota da boca! É suja.

Assustada, a criança chorou e buscou abrigo nos braços do pai. Acolhi e esperei que ela se acalmasse para reafirmar que não se deve abocanhar calçados. Pedi para que me explicasse o que havia ocorrido.

— A mamãe colocou a bota na minha boca.

Tive de segurar o riso porque *terrible* no *two* dos

outros é refresco. Mas depois, refleti e captei que, de fato, quem colocou a palavra "bota" dentro da boca foi a mãe, e não o filho. Que haja botas e bocas empíricas constitui fenômeno acessório e irrelevante para o pequeno linguista.

Aos 2 anos, eu não tinha os conhecimentos que Pedro acumulara sobre linguística, mas tinha boa pontaria. Foi aos 2 ou 3 anos que acertei a testa de um vizinho do prédio com uma pedra. Descobri, nessa época, que supercílio é um ponto muito propício a jorrar sangue, e, assustado, subi correndo ao meu apartamento.

A chegada da polícia foi rápida. Do corredor, eu observava meus pais explicando aos homens da lei que não deveriam me levar, posto que eu era réu primário (acho que nem isso — réu berçário ou maternal ainda). Suponho que foi essa a justificativa, pois não escutei, eu estava mesmo era preocupado em bolar um plano de fuga. Quando se tem 90 centímetros de altura, até mesmo o primeiro andar se torna um abismo.

Tenho pena dos meus pais, também dos pais da criança apedrejada. *Terrible two, terrible three, terrible four, terrible five*. Ainda tenho fé de que no *six* Pedro dê uma amenizada.

Mas, por outro lado, sei que nem só de *terrible* vivem os *two*. Cabe muito adjetivo nesses 2 anos. E se não deixo escapar um *funny* ou *amazing two* é porque se trata de um texto-denúncia que não pode declinar em pieguice. Falar sobre as agruras da paternidade e da maternidade faz parte. Mas sempre cuidando para não botar o *terrible* na boca de nossos filhos. Até mesmo porque esse *terrible* é mais nosso do que deles.

# Hoje já é amanhã?

*Novembro de 2021*

O banho é um dos raros momentos de solidão que a gente tem quando não se é sozinho. Naquela manhã de sábado, era tudo de que eu precisava: a água amornada do chuveiro e o som do silêncio. Girei a válvula, ajustei a temperatura, esperei meu corpo se acostumar à tepidez da água e escutei o silêncio falar:

— Papai, papai, *able* a porta! Você tem que ver uma coisa.

Antes que o obstinado silêncio começasse a berrar, destravei o trinco para que o turbilhão pudesse esmigalhar minha pequena porção de exílio.

— Olha! — disse o garoto, mostrando uma foto de alguns meses antes.
— Filho, eu não vejo nada além de duas cadeirinhas, uma mesinha e um tapete.
— Mas é isso mesmo, eu *quelo* saber onde está a mesinha.
— *Tá* no quartinho, Pedro, você não usa mais ela há um tempão. Pra que você quer?

— Então você tem de pegar no quartinho, papai, eu *pleciso* dela *pla* fazer o passado — disse e saiu andando, deixando a porta do banheiro entreaberta.

Belo gesto! Montar a cena que foi capturada meses antes para novos cliques. Há muitas mães e pais que fazem isso com seus bebês, fotografando-os de tempos em tempos em um mesmo cenário. Num primeiro instante, constatei que não sou desses — de Pedro, prefiro recolher as palavras que ele vai derramando para, em seguida, recompor em textos.

Mas, parando para pensar, eu também não tenho esse desprendimento todo. Tenho uma boa coleção de objetos dos primeiros anos da criança. Se vasculhar direito, vai encontrar um *body* aqui, um livrinho de bebê acolá, um sapatinho com o emblema e cores de nosso time adiante. Acho que guardar quinquilharias é o modo que os adultos têm de refazer o passado. Hoje, e apenas hoje, entendo por que minha mãe guardou durante tantos anos os cordões umbilicais de suas gestações — pontes miúdas de conexão com suas crias. Belo gesto!

A frase, como tantas outras que Pedro pronuncia, ficou ecoando na minha cabeça. Fazer o passado! E ele lá sabe o que é o passado? Até poucos meses antes, ele me perguntava intrigado quando acordava:

— Papai, hoje já é amanhã?

Como hoje sempre é o amanhã de ontem, e — vejam só! — como ontem eu havia prometido algo bacana para o "amanhã", ele ficava feliz ao escutar:

— Sim, hoje já é amanhã.

O que significava que era o dia dos primos visitarem, de comer chocolate ou de ir fantasiado para a escola. Atualmente, Pedro não pergunta mais se hoje já é amanhã, talvez por saber que, eventualmente, o amanhã nos reserva sopa de abóbora ou agulhada de vacina.

Não sei ao certo se passado é algo que se faça. Suspeito que seja algo a ser elaborado. Um órfão que encontra, no meio da bagunça, uma caixinha contendo um cordão umbilical, por exemplo, a ele só resta tentar reintegrar de alguma forma esse pequeno laço à sua história. A elaboração é um longo caminho que se dará sobre as pontes que, sozinho, terá de construir.

Se tem alguma coisa que taca na cara da gente que hoje já não é mais ontem é a orfandade. Quando abrimos ao léu um livro qualquer, encontramos enorme dificuldade em compreender a página em questão; as páginas anteriores são necessárias para apreensão do sentido. Mas ignorar que a página foi virada, definitivamente virada, é um risco. A orfandade joga sobre nossos ombros o fardo de sermos a geração sucessora.

A paternidade, por outro lado, não alivia, mostra que hoje já é amanhã. As linhas escritas na página atual serão inscritas nas seguintes. Nossas palavras, nossos silêncios, nossas omissões, nossos gestos, nossos olhares, tudo isso constitui o legado da geração que vem. Duplo fardo.

Com o chuveiro já desligado, enrolado na toalha, escuto o som do silêncio vindo lá de fora (calando as vozes do meu pensamento):

— Papai, papai, vem cá, o passado vai começar. Não posso fazer o passado sem você.

# O dinheirinho do mercado

*Dezembro de 2021*

No tocante à ida ao supermercado, há duas espécies de pais: os que se apavoram em levar o filho e os que se regozijam. Embora me encaixe no segundo perfil, reconheço que há fundamento no medo do outro grupo. Minha geração tem um trauma, é gente que cresceu assistindo à propaganda do garoto que se atirava ao chão exigindo brócolis e chicória. Chicória! Quem comia chicória na década de 1990? Talvez por isso tantos dessa geração sejam adeptos do veganismo após uma infância entupida de refrigerante, bolacha recheada e doces.

Hoje, quem não libera tais guloseimas está sempre à mercê de um escândalo semelhante. Eu mesmo já presenciei algumas cenas do tipo. Porém, mais comum que a birra são os pais e mães que cedem de pronto, antecipando-se ao iminente escarcéu.

Pedro, coitado, antes mesmo de saber falar, já escutava da boca do pai que não poderia ter tudo que pedisse na hora de fazer compras. Daí seguia-se o ritual: no princípio, solicitava com um tom sóbrio, lançando mão de argumentos bem construídos; ao primeiro "não", replicava com uma voz manhosa e insistente;

diante de nova negativa, suplicava com sonoras pisadas no chão (sem sair do lugar) e sacolejava os braços; em seguida, as lágrimas escorriam e os sólidos argumentos iniciais davam lugar a grunhidos ininteligíveis e pranto copioso. Por fim, acabou se adaptando e parou de pedir.

Ele sempre me acompanhava, mas, quando veio a pandemia, passei a ir sozinho. Fez uma falta danada. Por quase um ano e meio enfrentei solitariamente os corredores que antes serviam de pista de corrida. Eu era o piloto e Pedro, o passageiro. Pequenos acidentes eram inevitáveis. Por isso, redobrávamos a prudência perto das prateleiras de vinhos, cervejas, azeites e calcanhares desatentos.

Recentemente, passada a fase mais aguda da pandemia, voltei a levá-lo comigo para fazer compras. Assim que entramos no corredor dos laticínios, o passageiro solicitou parada. O que seria? Um *pit stop*? Reabastecimento?

— Papai, o Caíque, que é da minha escola, bebe esse leitinho. Ele *semple* leva, todo dia.

Tratava-se de um desses achocolatados — tipo Bela Gil, só que mais caro — sem adição de açúcares, sem glúten, sem calorias, sem lactose, sem leite, sem chocolate (era quase uma chicória). No meu tempo, chamávamos de água. Dois litros de leite! Com esse dinheiro, daria para comprar 2 litros do leite que Bela Gil não bebe, aquele comum. E o "leitinho" do Caíque só vinha com 250ml. Para quem não lembra, o comercial do garoto-chicória era para vender achocolatado, nunca foi sobre legumes.

— É muito caro, filho.
— Mas então, por que o Caíque consegue *complar*?
— É porque há pessoas que têm mais dinheiro e outras que têm menos.
— Eu sei, eu sei — interrompeu-me com a petulância que é própria àqueles que são versados num dado assunto —, e a gente é do tipo das que têm menos *dinheilo*.

Riso amarelo, cartão de crédito no vermelho, seguimos pelo corredor de produtos de limpeza, sempre atentos à observância dos limites impostos pela lista de compras. Na hora, passou despercebido, foi só no outro dia que eu senti — tipo aquela dorzinha de vacina que só faz doer no dia seguinte, quando se acorda. Acordei. Doeu. O ego.

Outro dia, falando de trabalho, tive de explicar-lhe a verdadeira motivação que leva parte da humanidade a pegar no batente.

— As pessoas trabalham *pra* ganhar dinheiro, filho.
— Ah! Aí, como você nunca tem *dinheilo*, você *tlabalha* bastante.

Além de paupérrimo, Pedro me vê como um pai ausente. Mais essa! E prosseguiu com suas reflexões:

— Quer dizer, eu sei que você tem *dinheilo*, mas só dá *pla complar* comida com o seu *dinheilo*. Mais nada.

Até tentei explicar que meu ordenado serve para pagar muitas outras coisas, como viagens, boletos e brinquedos, mas desisti. Percebi que o esforço só aumentaria a humilhação.

O louco é que a gente mira no anticonsumismo e o que a criança acaba captando é a ideia de que vivemos na penúria. Antes do início da pandemia, eu era o maior piloto de carrinhos de supermercado; hoje sou visto como pai ausente, na pindaíba, mal conseguindo custear os alimentos que come. Que se dane a educação financeira!

Nos arrumamos para ir à praça, pois, se me faço ausente, é tão somente na medida necessária para o restabelecimento de uma presença que não sufoque. E é sabido que só há fôlego quando respeitamos os intervalos de resfôlego. Assim que descemos pelo elevador, Pedro se deteve nas flores do pequeno jardim da entrada do prédio. Pensei em falar que morar ali não era de graça, mas notei que não havia contexto. No caminho, ele me disse:

— Papai, sabe o tamanho da felicidade que fiquei quando vi que a flor tinha *clescido*?

— Não filho. Qual foi?
— Foi o tamanho de cem sorrisos juntos, só que todos em um só.

Segurei a lágrima e me dei conta de que, toda vez que recolho essas palavras, exclamações, trocas verbais, percepções de mundo, e pedaços de frase que Pedro vai largando pelo caminho (nos recônditos do espaço que se forma entre pai e filho), quando guardo todos esses fragmentos num relicário da memória, constato que tenho uma fortuna invendável.

# PARTE 5
# 2022
- 5/6 anos -

# *Jingle bell, jingle bell, acabou o papel...*

*Janeiro de 2022*

No Natal passado, meu filho cismou que queria ganhar um videogame. Desenhou o aparelho, os *joysticks* e a televisão em sua cartinha com toda a esperança de quem crê que se portou bem ao longo do ano. Entretanto, o garoto desconhecia que o Papai Noel possui profunda inaptidão em matéria de decodificação de traçados e rabiscos. Acabou presenteando-lhe com um carrinho de controle remoto infinitamente mais barato que o Playstation 4.

Eu me compadeço das crianças que, por não escreverem, ficam submetidas aos arbítrios da interpretação de seus desenhos. Neste ano, receoso de nova frustração, Pedro apurou suas habilidades gráficas e, como prêmio, o bom velhinho lhe deu o brinquedo correspondente àquele desenhado na carta: um Bayblade (que, curiosamente, também é mais barato que o videogame). Começo a desconfiar que ele só entrega presentes abaixo de 100 reais.

Por sorte, Pedro tem avós e tios muito mais dadivosos do que aquele velhote muquirana. É de uma generosidade de transbordar os bolsos. Ano que vem, penso seriamente em decorar a casa com fotos de parentes, tudo personalizado: toalha de mesa, guardanapos, souvenirs e os penduricalhos da árvore. A mim soa injusto que o Papai Noel, com um mísero Bayblade, tenha sua imagem estampando a mesa da ceia e receba mais homenagens do que aqueles que deram *tablet*, bicicleta, videogame e Lego (muitos Legos) ao Pedro.

Neste ano, mantivemos os enfeites tradicionais, com pinheiros, renas e ilustrações do velho finlandês. Ao invés do sapatinho, o garoto ofereceu suas havaianas para que se deixasse o presente. Trilha sonora tradicionalíssima: o álbum que Simone gravou com temas natalinos. Brega? Sim.

Para alguns, a música é uma Ferrari. A pessoa já vai com empolgação querendo saber de todas as especificações técnicas do veículo, mergulhando na sofisticação harmônica, improvisos imprevisíveis e compassos compostos. Para mim, a música é aquele carro quadradinho do filme *De volta para o futuro*: não precisa brilhar os olhos, mas, uma vez que nele se entre, você pode ser conduzido tanto a cenários do passado quanto a um difuso porvir.

Assim que escutei "Então é Natal", fui para os anos 1990, quando meu pai colocava esse álbum na vitrola das 10 da manhã até as 2 da madrugada. O cheiro de comida também varava o dia. O empenho de minha mãe na preparação da ceia era notável. Meus irmãos e eu esperávamos ansiosos o relógio bater meia-noite

para comer e visitar os vizinhos. Dique, nosso vira-lata caramelo, não tinha tanta ânsia por esse momento, em que, faminto, assistiria seus humanos se empanturrarem e, amedrontado, se esconderia em sua casinha ao som dos rojões. (Natal? Réveillon? Já não lembro.)

A princípio, pareceu-me uma boa ideia ter colocado um sonzinho. Porém, rapidamente percebi que dedicaríamos uma parte significativa da noite na tentativa de explicar ao garoto algumas figuras cantadas por Simone — nomes e expressões que, talvez, ele nunca tivesse escutado, como "Jesus de Nazaré", "festa cristã" e "rezar". Tive de informar quem foi o tal do "Deus-menino" que "veio para o nosso bem", além, é claro, de expressões pagãs como "Harehama", "Hiroshima", "Nagasaki" e "Mururoa-amém".

A grande descoberta da noite, entretanto, foi quando Pedro constatou que a letra que aprendeu com Renato, um coleguinha da escola, é diferente daquela cantada por Simone. Os olhos arregalaram quando ouviu a melodia de *Bate o sino* com uma letra por ele definida com "*estlanha*". Pedi para que cantasse a versão que conhecia, e ele soltou a voz: "*Jingle bell, jingle bell*, acabou o papel/ Não faz mal, não faz mal, limpa com jornal/ O papel *tá calo, calo pla* chuchu/ Como eu vou fazer *pla* limpar meu *blaço*?"

Braço? Deixo aqui registrado que essa censura não partiu do autor da crônica, tampouco da redação deste veículo de comunicação; transcrevo exatamente aquilo que Pedro cantou. Os censores, suponho, são os pais de Renato, que devem ter proibido o garoto de cantar a versão original da paródia. Esa nova versão impõe uma escolha difícil, pois "chuchu" não rima com "braço". Perde-se em musicalidade e se ganha em decência. Confesso que esse desfecho me agrada.

Pela manhã, acordo com os pulos de Pedro por cima de mim e com uma embalagem dourada:

— Papai, papai, o Papai Noel *tlouxe* o Bayblade que eu pedi.

A música de Simone, a partir de agora, será o DeLorean que, além de me conduzir aos tempos de meus pais, me levará ao sorriso de Pedro. Eu me vejo, já velhinho, escutando as músicas de Simone, recordando das manhãs em que Pedro pulava em nossa cama, feliz com os presentes de menos de 100 reais deixados em seu chinelo pelo velho mão-de-vaca.

# Primeiro dia de aula

*Fevereiro de 2022*

O inferno está repleto de boas intenções, e é com a melhor das intenções que a gente escolhe mudar o filho de escola. Mas depois se arrepende. Quase se arrepende. Pois, no fundo, a decisão foi certa. É o tipo de escolha que tem a ver com um projeto de futuro. O inquietante é o presente. Será que vai gostar? Sair de uma escola pequena para outra com tantas crianças? Dizem que eles cobram autonomia nesse colégio. Talvez tenhamos mimado demais esse garoto. Não coloca nem a comida no prato! Será que vai fazer amizades? E justo agora que ele estreitou laços com o Enzo. Não, o nome do amiguinho não é Enzo, mas, afinal, todos são Enzos (se não é Enzo, é Benício). Tomara que tenha Benícios na nova escola — e Helenas (Helenas são maravilhosas).

No meu tempo, não havia Benício nem Helena. Mas tinha a Juliana e o Alberto. Éramos um trio. E como toda história precisa de um antagonista, tinha também o Wagner, certamente o menino mais bagunceiro de todo o bairro. E nessa idade, o bairro é o mundo. Confesso que não me recordo o que de tão terrível ele aprontava, só lembro que deixava os colegas enfurecidos.

Certo dia, nosso trio se organizou para contra-atacar. Enquanto um o distraiu, o outro colocou um doce em sua cadeira. Quando ele se sentou, ficou todo lambuzado. Ele só tinha 5 anos. E ficou bem triste. Nem sempre é fácil distinguir quem, de fato, é o vilão numa história. Tomara que, na nova escola, não tenha garotos parecidos com Wagner. Pior: e se tiver trios maquiavélicos?

Quando saí dessa escolinha, foi difícil. No primeiro dia, a gente não conhece ninguém, e dá um trabalhão formar novos trios. No primário, no ginásio, no Ensino Médio, na faculdade, até no mestrado, o primeiro dia é desconcertante. Imagina, então, na Educação Infantil? No forró, sempre tem aquele momento em que a sanfona começa a gemer e você fica sozinho na sala de reboco, sem ter com quem dançar. E todos à sua volta, rodopiando. Será que deveríamos mesmo ter feito essa troca antes do Ensino Fundamental?

Na ida, enchi seus ouvidos com milhares de orientações. Eu me senti como um técnico de futebol que, à beira do gramado, dá instruções ao atacante que vai entrar aos 40 minutos do segundo tempo com o time perdendo de goleada. O placar não será revertido, a derrota é inevitável, mas a função do técnico é a de ir até o fim e passar as diretrizes táticas. O jogo não depende só de meu filho. Há muitos outros fatores.

Na volta, faço semblante de psicanalista e, sem afetações, pergunto como foi seu dia. Pedro diz que gostou, brincou com carrinhos, foi à biblioteca, escolheu o

*Black Power de Tayó* (porque é um livro que já tem em casa). A soneca foi numa cama elástica. Disse que a professora teve de insistir para que as crianças parassem de pular, "mas eu não, eu fui um dos *plimeilos* a *palar*", disse-me, completando:

— E amanhã também vou pular e vou ser um dos *plimeilos* a *palar*.

Soube depois que dormiu rápido e esteve entre aqueles que despertaram por último. Revelou que o cardápio do almoço era o mesmo do jantar e — vejam só! — ele fez o próprio prato. E repetiu.

Em certo momento, Pedro acabou deixando escapar que havia alguns colegas bagunceiros. Logo fiquei em alerta, pois toda história tem o seu vilão. Será que, além de Benício e Enzo, há Wagner em sua turma? Ou um trio ainda mais cruel? O semblante de neutralidade caiu e, com um tom de interesse, pedi mais detalhes. Foi quando ele percebeu a diferença entre nós (ele, criança; eu, adulto). Não se deve dedurar os colegas aos adultos gratuitamente. Pedro deteve-se e corrigiu:

— Não, eles não fazem muita bagunça, papai, é só um *pouquinhozinho* assim.

Não insisti nem apontei a inconsistência em seu discurso, pois admiro a lealdade entre os pares. Até hoje minha professora não sabe quem de nós colocou o doce na cadeira do pequeno Wagner.

Hoje, enquanto levava Pedro para o segundo dia de aula, veio-me um desejo inconfessável: o de que todo dia fosse o primeiro dia de aula.

# A praia, o sorvete, o filho e o desconforto

*Março de 2022*

Pega sunga, protetor solar, boné, boia, bola, balde, pá, bota na sacola e vamos. Não quero perder o sol, *bora*! Não pode esquecer toalha nem chinelo. Por que o Uber está demorando tanto? Já acabou o café da manhã? Vá escovar os dentes! Qual livro será que eu levo? Tanto faz, não vou conseguir ler. Não! Você não pode levar o *tablet*!

— A *aleia* tá muito quente, vai queimar meu pé.

E o pé do pai não queima? Era o que faltava, além da tralha, ter que carregar a criança. O pai diz "não". O filho chora. O pai se mantém inflexível. A criança, soluçando, grita:

— Eu *quelo* voltar pala o *Blasil*.

Até ocorreu-me explicar que a Bahia fica dentro do Brasil, mas intuí que a última coisa que o garoto precisava naquele momento era de uma aula de Geografia. Água mole, pedra dura, tanto bate até que o pai pega a criança no colo — junto com o balde, a boia, a bola e o livro que não foi lido.

Na areia, a criança fazia castelos, enquanto o pai reclamava do desconforto da cadeira. Não é "*desconforrrtável*", corrigiu-me, é "*desconforrrtosa*, papai". "*Desconfortosa* pra você que não tem que carregar esse monte de coisas", pensei calado.

À beira-mar, Pedro fez um amiguinho, brincaram juntos. Eu, possesso, mirava-os de uma distância calculada. Entre uma onda e outra, apareceram algumas conchinhas. Sustentado na sabedoria de uma experiência de 5 anos de vida, o colega explicou que, antes de devolver a concha ao mar, era preciso fazer um desejo. Pedro fechou os olhos e atirou sua conchinha em direção ao mar, enquanto sussurrava repetidamente:

— Eu quelo um *sorrrvete* de chocolate, eu quelo um *sorrrvete* de chocolate.

Não consegui escutar o desejo do outro garoto, mas suponho que era algo fora da praia e que a rainha do mar concedeu de pronto, pois, logo em seguida, sua mãe o levou.

— Vem, papai, vem *blincar* comigo.

Eu me aproximo e, de cara fechada, observo. Ali, na cambiante fronteira litoral, entre a areia e a água, Pedro hesitava. Aos poucos, acercou-se e sentiu o gelado das ondas que vinham tocar-lhe os pés. Ele corria, lutava contra elas, queria provar que era mais ligeiro, mas a maré sempre avança um pouco mais e, de repente, *zaz*!
Sem assumir derrota, sem levantar a bandeira branca, o garoto prosseguia, provocando e desafiando o mar ali da beirinha mesmo. Que nem quando a gente era criança e gritava "*pégz, pégz*" para cachorro bravo preso atrás do portão. Na hora em que o cão se aproximava, a gente fugia em segurança. O sorriso era maior que a boca. Imagina a alegria, após 2 anos de reclusão em regime pandêmico semiaberto! Ao mesmo tempo, dirigia insultos de menosprezo ao mar, agitava os bracinhos e pernas descoordenadamente, fazendo desenhos no ar e saltando sobre as ondas, que quebravam a seus pés, espirrando água.
Na volta, paramos na sorveteria, talvez para fazermos as pazes — até mesmo porque chateação que a gente tem com filho sempre dura pouco. Ele escolheu

de chocolate sem cobertura; nós fomos de coco espumante (desde o dia que descobriu que na Bahia tinha um sabor de sorvete com esse nome, toda vez que Pedro brinca com a espuma do xampu durante o banho, diz que está preparando um coco espumante). O sorvete foi devorado com a voracidade daquelas pessoas que, após um mês de privação em decorrência de uma dieta radical, se permitem um "dia do lixo".

Na saída da sorveteria, ele me disse:

— Papai, o desejo que eu fiz [da conchinha] deu *cerrrto*, eu tinha pedido *sorrrvete* de chocolate.

Arrumei a bola, o balde, a cadeira e a toalha molhada nos braços. Apesar da posição *desconfortosa*, peguei-o no colo e disse:

— O meu também, filho, meu desejo também se realizou.

# A birra e a cisma

*Abril de 2022*

Pior que birra de criança é cisma. A birra, ainda que pareça eternizar-se, é passageira. Uma boa conversa, uma bronca mais enérgica ou até mesmo um chocolatinho chantagista são capazes de desfazer uma pirraça. Em nosso tempo de criança, inclusive, o que vigorava em matéria de birra era a lei da chinela. Não tenho saudades, tampouco transmito esse legado, mas, verdade seja dita: a birra encontra o seu limite na ameaça ou na recompensa.

A inquietação de uma criança cismada não tem demarcação definida. Você pode adiar, dar uma desculpa, esquivar-se. Entretanto, nunca saberá se, de fato, desapareceu a ideia fixa. Há histórias de adultos que adiaram a resposta a perguntas infantis embaraçosas, comprometendo-se a explicar em outro momento (pensando que iriam se safar), e foram cobrados muitos anos depois.

Minha esperança era a de que Pedro fosse uma dessas crianças que esquecem. Quando pediu para que eu o ajudasse a escrever "quero viajar", posterguei. Mas, no dia seguinte, o pedido se repetiu, e no outro também. Nesse momento, aprendi que, diante de uma cisma, só resta ceder.

— Escreve aí: a primeira é a letra Q — eu disse.
— Mas, papai, "que" já é uma *palavla*.

Preocupado com a possiblidade de essa observação transformar-se em uma cisma, tratei de desfazer o mal-entendido da língua:

— É verdade, "que" é uma palavra, mas também é uma letra.

Ao que parece, essa revelação, a de que o Q possuía uma dupla identidade, não o convenceu. E logo Pedro tratou de reunir Q e "que" em um único conceito.

— Então "que" é uma *palavla* que só tem uma *letla*.

Antes que sua observação se transformasse em objeção, busquei explicar:

— Não, Pedro. Só A, E e O são palavras com uma letra só. Todas as letras precisam de outras letras para fazer palavras.
— Uau! — exclamou, interrompendo-me.

Após essa manifestação de surpresa, encorajei-me e falei em tom professoral:

— A letra Q precisa de outras duas para virar a palavra "que", filho.

Ele acatou.

Prosseguimos letra por letra até finalizar a palavra "quero" sem questionamentos. Em seguida, comecei a soletrar o próximo termo da oração: "viajar".

— Agora escreve aí: V é a primeira letra de viajar.

Ao escutar, Pedro arregalou os olhos que nem o garimpeiro quando enxerga no meio das pedras ordinárias o brilhinho de um diamante:

— Papai, "vê" é uma *palavla*! "Vê" é, sim, uma *palavla*!

E vitorioso, completou:

— Viu? Tem, sim, *palavlas* de uma *letla* só, papai. Você não sabe de nada.

O Q o olho não V, o coração não sente.

# Ontem, hoje e amanhã

*Junho de 2022*

Quem realmente me ensinou a contar histórias foi Pedro. Todas as noites, antes de dormir, eu escutava: "Papai, você ainda não contou a *histólia*." E contava, e depois mais uma e mais uma, e outra mais.

A predileta era a de Kiriku, um garotinho africano que encontra as soluções mais criativas diante dos perigos enfrentados por sua aldeia. Pedro se imaginava Kiriku; eu me imaginava *griot*, o velho contador de histórias africano, também conhecido como biblioteca humana.

Digo que Pedro me ensinou porque, no começo, eu tentava ler as histórias, preservando a literalidade do texto. Mas rapidamente percebi que longos parágrafos se tornam verdadeiros obstáculos diante de uma plateia que ainda usa fraldas. É por isso que o bom contador facilita caminhos, retira os pedregulhos, condensando extensas orações em uma única frase. Qual retina fatigada esqueceria o repentino aparecimento da mesóclise no meio de uma fábula?

Não consigo compreender por que diabos a Chapeuzinho ficou "angustiada" diante da enorme boca do lobo. Não nego que seja angustiante estar prestes a ser devorada, mas por que usar um substantivo tão abstrato? Como explicar para uma criança o que significa a angústia? É medo e ponto final.

E tem outra: acho despropositado descrever que o patinho feio ficou "atônito" ao se descobrir cisne no reflexo do lago. Melhor seria dizer que a pequena ave ficou "surpresa". Ademais, não me parece apropriado chamá-lo de "patinho feio" em 2022. "Patinho esteticamente desfavorecido" ou "pato com a autoestima profundamente abalada pelos imperativos de uma sociedade que impõe padrões restritos de beleza" soaria melhor.

Dia desses, contei algumas histórias para meus sobrinhos. Zaila gostou tanto que tomou a palavra e pediu para compartilhar uma história que escutara em sua escola. Explicou direitinho, desde o dia em que os três porquinhos foram subitamente expulsos de casa pela mãe — que claramente não estava a fim de sustentar marmanjos — até a chegada do lobo. Nesse ponto, houve uma deliciosa confusão, pois, ao invés de dizer que o lobo iria derrubar a casa para devorar o trio de suínos, ela disse que "o lobo foi *expelimentar* as casas dos *poquinhos*".

Desde esse dia, não me sai da cabeça a imagem de um lobo bem trajado, com gravata borboleta e sotaque francês. Pós-graduado em eólica, esse *sommelier* de construções tem a nobre função de experimentar a resistência ao vento de cada uma das casas. Vejo a cena dos porquinhos recebendo o lobo com chá, café e *cookies*. A expressão de pavor em seus rostos é nítida quando o *sommelier* assopra levemente o cafezinho. Cada assoprada traz o risco de levar junto o barraco construído em condições precárias e sem alvará.

Penso também numa versão alternativa da história, mais realista. Pois é pouco provável que esse cargo seja tão bem remunerado a ponto de atrair especialistas em eólica com currículo internacional. Talvez o lobo não passe de um fiscal de edificações da prefeitura, um burocrata de terno puído e mal-humorado. De brio inquebrantável, jamais faria vista grossa e cederia às pequenas corruptelas cotidianamente propostas por porquinhos pouco afeitos à legislação.

No decorrer da pandemia, as histórias foram rareando, um pouco pelo meu cansaço, outro tanto pelo desinteresse do garoto. Recentemente, após a Zaila narrar as aventuras do lobo *sommelier*, retomamos o hábito noturno de contação. Mas, dessa vez, são histórias inventadas, parcialmente inventadas, porque eventualmente tempero com alguns episódios ocorridos na minha infância. Assim, meus irmãos, meu pai e, principalmente, minha mãe aparecem como personagens.

Certa noite, antes de dormir, Pedro — que não conheceu a avó paterna — disse: "Eu *quelia* que você falasse *pla* sua mãe que você conta *histólias pla* mim. Mas não dá, porque ela *moleu*, né?"

Adoraria contar para ela as suas histórias, meu filho. Que você me ensinou a contar histórias, que ela me ensinou a vivê-las, e as vivo e escrevo com você. Falar que, graças a ela e através de mim, o ontem já é hoje, e que cotidianamente me dedico a fazer com que, através de você, o hoje se torne amanhã.

Primeira impressão da primeira
edição: julho de 2022

|  |  |
|---:|:---|
| *Editor responsável* | Omar Souza |
| *Preparação de texto* | Fernanda Zacharewicz |
| *Revisão* | Equipe 106 |
| *Capa e diagramação* | Wellinton Lenzi |
| *Ilustrações* | Kash Fyre |
|  |  |
| *Impressão* | Assahi Gráfica e Editora |
| *Capa* | *papel* Supremo 250g/m² |
|  | *fontes* Bello Caps Pro, Bello Script Pro |
|  | e Harland Roselyn |
| *Miolo* | *papel* Pólen 80g/m² |
|  | *fonte* Adobe Garamond Pro 13 |
| *Acabamento* | Laminação fosca |